今日中国

美丽中国

主编◎朱建纲　颜晓峰

本册主编◎田鹏颖

湖南教育出版社

《今日中国》丛书编委会

主　编

　　朱建纲　颜晓峰

编委会成员

　　朱建纲　颜晓峰　孙　利　王寿林

　　吴　冰　王道勇　田鹏颖　张　琦

　　贺敬垒　黄步高　黄永华　董静静

序

从富起来到强起来
——新时代的中国

"古老的东方有一条龙,它的名字就叫中国。"

中华民族在五千多年的文明历史中,开垦了物产丰富的广袤良田,治理了肆虐不驯的千百条大江大河,建设了万里长城、都江堰、大运河、故宫、布达拉宫等气势恢弘的伟大工程,发明了造纸术、火药、印刷术、指南针等深刻影响人类文明进程的伟大科技成果,创作了《诗经》、《楚辞》、汉赋、唐诗、宋词、元曲、明清小说等伟大文艺作品,还造就了走在世界前列的繁荣盛世。

1840年鸦片战争以后,西方列强凭着坚船利炮野蛮轰开了中国的大门,中华民族陷入内忧外患的悲惨境地。从那时起,实现中华民族伟大复兴,成为华夏儿女最伟大的梦想,中国人民百折不挠、坚忍不拔,为实现这个伟大梦想进行了170多年的持续奋斗。

"雄关漫道真如铁。"1921年中国共产党诞生后,团结带领人民完成新民主主义革命和社会主义革命,建立起中华人民共和国和社会主义基本制度,进行了社会主义建设的艰辛探索,实现了中华民族从"东亚病夫"到站起来的伟大飞跃。

"人间正道是沧桑。"1978年改革开放以来,中国共产党人团结带领人民，进行建设中国特色社会主义新的伟大实践，使中国大踏步赶上了时代步伐，实现了中华民族从站起来到富起来的伟大飞跃。

"长风破浪会有时。"以习近平同志为核心的党中央团结带领人民，推动党和国家事业取得全方位、开创性历史成就，发生深层次、根本性历史变革，中华民族迎来了从富起来到强起来的伟大飞跃。今天，中国人民比历史上任何时期都更接近、更有信心和能力实现中华民族伟大复兴。

回首党的十八大以来的岁月，的确是极不平凡和激动人心的。面对世界经济复苏乏力，局部冲突和动荡频发，全球性问题加剧的外部环境，面对我国经济发展进入新常态等一系列深刻变化，党和国家开拓创新、励精图治，提出一系列具有开创性意义的新理念新思想新战略，出台一系列重大方针政策，解决了许多长期想解决而没有解决的难题，办成了许多过去想办而没有办成的大事，令国人为之赞叹，令世界为之瞩目。

经济建设取得重大成就，国内生产总值稳居世界第二，对世界经济增长贡献率超过30%。

民主法治建设迈出重大步伐，推进全面依法治国，社会主义协商民主不断发展。

思想文化建设取得重大进展，社会主义核心价值观和中华优秀传统文化广泛弘扬，国家文化软实力和中华文化影响力大幅提升。

人民生活不断改善，城乡居民收入增速超过经济增速，覆盖城乡居民的社会保障体系基本建立。

脱贫攻坚战取得决定性进展，6000多万贫困人口稳定脱贫，贫困发生率从10.2%下降到4%以下。

生态文明建设成效显著，绿水青山就是金山银山的理念深入人心，实行了最严格的生态环境保护制度。

强军兴军、港澳台工作、大国外交、党的建设等领域，都是亮点纷呈、有声有色。

从富起来到强起来，是一次前所未有的伟大飞跃，是新时代的实质内容和奋斗目标，是包括港澳台同胞、海外华人在内的全体中华儿女的共同愿望。

新时代的中国，是在以习近平同志为核心的党中央坚强领导下开辟出来的，是在习近平新时代中国特色社会主义思想科学的指导下开创出来的，是依靠全体中国人民齐心协力奋斗出来的。

2017年召开的中共十九大，开启了全面建设社会主义现代化国家新征程。"中华"号巨轮正在扬帆远航，驶向中华民族伟大复兴的美好前景。从2035年到本世纪中叶，在基本实现社会主义现代化的基础上，再奋斗十五年，把我国建成富强民主文明和谐美丽的社会主义现代化强国，中华民族将以更加昂扬的姿态屹立于世界民族之林。

今日中国，传承中国历史，走向中国未来。了解今日中国，就能展望未来中国、现代化中国。湖南教育出版社秉承这一理念，组织专家学者，精心打造，编写出版"今日中国"丛书。该套丛书将从经济建设、政治建设、文化建设、社会建设、生态文明建设和打赢脱贫攻坚战等领域，全方位展示新时代中国特色社会主义的重大发展成就，为海内外华人了解祖国打开一个窗口，搭建一座桥梁。与此同时，该套丛书竭力让各位读者更加全面、准确、真实地了解今日中国，从而对中华民族的美好未来更加充满信心，更加自觉地合力实现中国梦。

丛书编委会
2019年2月

前言

> 今日中国·美丽中国

在今日中国，如果挑选关注度、认可度、美誉度最高的字眼，毫无疑问，"美丽中国"一词当在其中。

清新的空气、清澈的湖水、清洁的自然——愈加珍贵；生态文明建设融入经济建设、政治建设、文化建设、社会建设的各方面和全过程——愈加紧迫；携手应对全球气候变化，实现绿色发展、循环发展、低碳发展，共建生命共同体——愈加成为时代潮流。

面对此种时代背景与历史阶段，习近平总书记展现了超前的战略眼光和务实的工作作风，那就是将建设美丽中国提升到一个前所未有的高度上来，并为之不懈奋斗。他在十九大报告中强调："坚持人与自然和谐共生。建设生态文明是中华民族永续发展的千年大计。""万物各得其和以生，各得其养以成。"人生活在天地之间，以天地自然为生存之源、发展之本，在与自然的相互作用中，创造和发展了人类文明。在这个历程中，人与自然关系历经了从依附自然到利用自然，再到人与自然和谐共生的发展过程。今天，习近平总书记提出建设美丽中国就是要达成这种共识：人因自然而生，人与自然是一种共生关系，人必须尊重自然、顺应自然、保护自然，这是我们党推进生态文明建设，建设美丽中国，实现中华民族永续发展的重中之重。

基于这样的出发点，建设美丽中国，要做到：

第一，尊重自然、顺应自然、保护自然，保护自然生态系统，维护人与自然之间形成的生命共同体。习近平总书记形象而深刻地说道:"我们要认识到,山水林田湖是一个生命共同体,人的命脉在田,田的命脉在水,水的命脉在山,山的命脉在土,土的命脉在树。"所以,我们要像对待生命一样对待生态环境,统筹山水林田湖草系统治理。

第二,树立和践行绿水青山就是金山银山的理念。习近平总书记指出:"我们追求人与自然的和谐、经济与社会的和谐,通俗地讲就是要'两座山':既要金山银山,又要绿水青山,绿水青山就是金山银山。"所以,保护生态环境就是保护生产力,改善生态环境就是发展生产力。

第三,坚定不移推动形成绿色发展方式和生活方式,坚持节约资源和保护环境的基本国策,实行最严格的生态环境保护制度,以新发展理念为指导,创新生产方式,改变生活方式,坚定走生产发展、生活富裕、生态良好的文明发展道路。

第四,把生态文明建设融入经济建设、政治建设、文化建设、社会建设各方面和全过程,着力树立生态文明理念、完善生态文明制度体系、维护生态安全、优化生态环境,形成节约资源和保护环境的空间格局、产业结构、生产方式、生活方式,建设美丽中国,努力开创社会主义生态文明新时代。

概言之,习近平总书记关于美丽中国建设的重要论述,彰显了中国共产党对人类文明发展规律、自然规律和经济社会发展规律的深刻认识,体现了引领中华民族永续发展的执政理念,丰富和发展了新时代习近平中国特色社会主义思想,为实现中华民族伟大复兴的中国梦规划了生态蓝图,是马克思主义中国化的最新成果,是建设美丽中国、走向生态新时代的科学指南。

因此说,习近平总书记想要真正建成的美丽中国一定不仅仅是山清水秀的美丽大地。他所设想的美丽中国,必然是一幅五彩斑斓壮美妖娆的画卷;是一曲雄浑壮丽跌宕起伏的交响乐;是蓝天、白云、阳光、银滩、大海和弄潮儿;是农民犁下耕耘的串串希望;是孩儿浅浅的酒涡里满溢天真的童话故事；是诗人笔尖下散发情感的浓浓墨香；是从沃土里钻出来的点点星星的鹅黄嫩芽；是梧桐树勃发的生命的绿色；是人和人之间，人和环境之间，人和自然之间，生命与生命之间交汇融合。

让我们用正能量托起坚硬而美丽的翅膀，翱翔于中华民族复兴之蔚蓝长空；让我们高高扬起理想、信念之帆，长风破浪，去圆中华儿女百年之中国梦；让我们用勤劳的双手和充满智慧的大脑，去开拓我们的伟大事业，全面建成小康社会，将一个"蓝天常在、青山常在、绿水常在"的美丽中国真正呈现在世人眼前，长留给子孙后代！

目 录

> 今日中国·美丽中国

第一章 "美丽中国"生态警示 / 001

第一节　资源紧迫性 / 002

第二节　治理污染紧迫性 / 009

第三节　物种保护紧迫性 / 019

第四节　生态保护紧迫性 / 022

第五节　新时代中国特色社会主义生态文明制度建设紧迫性 / 025

第二章 "美丽中国"任重道远 / 031

第一节　意识因素 / 032

第二节　经济因素 / 039

第三节　制度因素 / 045

第四节　人口因素 / 050

第五节　国际因素 / 055

第三章 "美丽中国"时不我待 / 059

第一节 经济层面 / 060
第二节 文化层面 / 067
第三节 社会层面 / 075
第四节 政治层面 / 081
第五节 国际层面 / 087

第四章 "美丽中国"新要求 / 093

第一节 牢固树立生态红线 / 094
第二节 正确处理好经济发展与生态环境保护的关系 / 100
第三节 树立正确发展思路 / 104
第四节 保护生态环境需依靠制度、法治 / 110
第五节 加强生态文明宣传教育 / 115

第五章 "美丽中国"新突破 / 127

第一节 理念和方针的进一步更新 / 128
第二节 战略与布局的进一步调整 / 133
第三节 制度与机制的进一步完善 / 138
第四节 途径与措施的进一步突破 / 142

第六章　"美丽中国"新进展 / 149

第一节　生态文明持续推进 / 150
第二节　绿色发展成效显著 / 154
第三节　环境质量明显改善 / 157
第四节　生态系统得到休养 / 164
第五节　全民行动更加自觉 / 167

第七章　"美丽中国"新内涵 / 177

第一节　治理理念的科学化 / 178
第二节　治理主体的全民化 / 183
第三节　治理方式的法制化 / 188

第八章　"美丽中国"时代意义 / 193

第一节　后工业文明的生态诉求 / 194
第二节　"五位一体"总体布局的生态指标 / 203
第三节　中国梦的生态图景 / 207

第九章　"美丽中国"绿色规划 / 215

第一节　规划引领生态文明建设新格局 / 216
第二节　规划引领增进民生福祉 / 221
第三节　规划引领构建生命共同体 / 226
第四节　规划引领实现中华民族永续发展 / 232

后　记 / 237

第一章

"美丽中国"生态警示

第一节　资源紧迫性

我国是一个资源紧缺的国家,资源紧缺已成为我国经济社会发展的瓶颈。我国人均水资源、耕地资源、森林资源,以及石油、天然气、铜和铝等重要矿产资源都远低于世界人均水平。虽然我国粮食连续10年实现增产,但供需仍处于紧平衡。我国人民生活水平总体上还不富裕,全国还有近一亿农村扶贫对象、两千多万城市低保人口以及其他众多的困难群体,我们没有任何理由奢侈浪费。

一、开发利用规模巨大

太湖:蓝藻事件的警示作用[①]

太湖是我国的第三大淡水湖,湖体面积约2400千米^2,流域地跨苏、浙、皖、沪三省一市,总面积约36895千米^2,环湖人口4000余万,其流域总面积以及环湖人口分别占长三角总面积的36.8%和总人口的48.8%。"太湖美,美就美在太湖水。"无锡一直为城市边上的太湖而骄傲,无锡也被称为"太湖明珠"。然而,20世纪90年代以来,太湖就受到了严重污染。2007年5月7日太湖蓝藻第一次大暴发,引发无锡饮用水污染的危机,200多万市民无法正常饮用自来水。抢购矿泉水的狂潮

[①] 龚培兴.双赢:生态与经济协调发展——经典案例经验与启示[M].江西:江西人民出版社,2011.

开始涌起，给市民生活带来很大不便，游人骤减，餐饮业门庭冷落，直接影响到社会的和谐与稳定。

蓝藻是太湖病症的表象，真正源头是遭污染的水体。蓝藻是由水体中氮、磷等物质超标后导致的水质富营养化而引起的，并在水面形成一层蓝绿色且有腥臭味的浮沫，称为"水华"。大规模的蓝藻暴发，被称为"绿潮"（和海洋发生的赤潮对应），一般是在夏天暴发。无论是遭受发臭自来水困扰的无锡市民，还是生活在太湖岸边的农民，都相信一点：蓝藻的暴发更多的是"人祸"。太湖流域一直是我国经济最为发达、人口最为密集、生活最为富裕的地区之一。特别是改革开放以来，太湖沿岸的苏州、无锡、常州、嘉兴、湖州等五个城市的经济社会发展始终走在全国前列，以全国0.3%的土地资源、1.5%的人口，创造了占全国6%的国内生产总值。但在经济迅猛发展、人口快速增长的同时，也付出了沉重的资源和环境代价。太湖的水质平均每10年下降一个等级。20世纪70年代，太湖水质为二类，捧起来就能喝；到了90年代中期平均为四类水质，水质在20年下降了2个等级；目前太湖有将近60%的水域为五类水。太湖地区是中国人口密度最高的地区，2000多千米^{2}的太湖沿岸，分布有特大城市上海市，江苏省的苏州、无锡、常州、镇江4个地级市，浙江省的杭州、嘉兴、湖州3个地级市，此外还有30个县。这些县市都经济发达，2007年，太湖流域有2万多家大小化工企业，无锡市有乡镇企业10.74万家，每天向太湖直接或间接排放生活污水和生产废水，一些污染严重、技术含量低的工业企业转移到监管相对薄弱的农村，致使大量工业污染沿河网进入太湖，使太湖污染严重。

从滇池、巢湖到其他大江大河，都面临着日益严重的水污染问题，而太湖已成为我国水环境污染的一个缩影。从根本上看，"太湖蓝藻事件"是因太湖水污染问题长期积聚而导致的一场公共危机。它给我们所带来的教训和反思都是非常深刻的:"太湖蓝藻事件"既是天灾,也是人祸,而人祸的成分系太湖周围企业大量地排放工业污水,造成湖体中氮、磷浓度超标。当太湖、巢湖因水体严重污染而相继暴发蓝藻危机的时候,人们不得不把目光投向中国的第一大淡水湖——鄱阳湖,鄱阳湖会不会暴发蓝藻?目前鄱阳湖水质总体上还能够保持在国家三类水的标准。这是一个基本合格的水质,但也可以说是已经处于亚健康状态的水体,所以其生态安全不容乐观。因为鄱阳湖水量在减少,局部水域水质在恶化,生物多样性遭受威胁已是不争的事实。鄱阳湖在2000年时没有劣于三类水的水体,而2008年优于三类的水体面积只占到64%;水体富营养指数2000年是40,现在是49,达到51就是富营养化了,就会出现蓝藻。江西大部分市县都建在五河水系两岸,特别是沿鄱阳湖12个县区和流域有些企业仍然在直排、偷排不达标的工业废水,造成部分水域出现了轻度富营养化,实际上许多水域也变得比以往浑浊了。在化肥、农药的使用量居高不下的情况下,在流域城镇大部分生活污水没有得到有效处理的情况下,在湖区数百万群众仍然没有走出"靠湖吃湖"的传统经济与生存模式的情况下,要将鄱阳湖的水质稳定在三类水的标准,或者还鄱阳湖一湖清水,确保鄱阳湖不暴发蓝藻危机,任重而道远。

(有删改)

二、开发利用效率较低

随着我国工业化进程的不断加快,国民经济的发展对资源的需求量和依赖程度与日俱增。而当前我国资源的开发利用却存在诸多问题。就矿产资源的开发利用来说,勘探步伐跟不上开发利用的速度,违规开发,乱采滥挖现象严重,矿产资源开发的不合理造成了资源浪费和环境污染等。

矿产资源勘探步伐跟不上开发利用的速度。矿产资源的勘探是一项

长期而系统的工程,而且存在很大的风险,从矿址的定位到对确定的矿产地的调查评价、普查、详查,再到勘探提交可供开发的储量,是一个极为艰苦的探索过程,而且成功率平均在 5% 以下。在这期间需要投入大量的人力、物力和财力,如此低的成功率和艰难的勘探过程,使得我国矿产资源勘探的进程缓慢。而长期以来,我国的经济一直处于粗放式的发展方式,对矿产资源的依赖程度极高。随着我国近年来经济的快速发展,工业化进程的不断加快,对矿产资源的需求量与日俱增。由此,造成了矿产资源勘探与开发利用速度不协调的局面。

违规开发、乱采滥挖现象严重。20 世纪 90 年代初期,国家就矿产资源的开发提出了"有水快流"的口号,由此开启了对矿产资源近乎疯狂的发掘、采挖历程,在这期间全国各地大大小小的矿山、矿区纷纷崛地而起,分散的、小规模的、毫无章法的开采,造成了矿产资源开发消耗严重,大量优质资源因开发的不合理、不科学而被破坏。矿区的环境也遭到严重的损害,尤其是对土地资源的破坏。另外,乱采滥挖还给安全生产造成了巨大的隐患,由于没有合乎规范的矿山开采设备,透水、瓦斯爆炸等矿难事故时有发生,给国家和人民的生命财产安全带来了巨大的威胁。小规模的违规开发还给正规的大矿开发造成了安全隐患,使大矿区开采效率低下，资源浪费严重。

矿产资源开发的不合理造成了资源浪费和环境污染。对矿产资源的开发本身就是一项破坏性极大的工程，如果不加以合理开发，那么对当地的资源环境会造成很大的破坏。而在全国范围内因矿产资源不合理的开发造成的资源浪费和环境污染的情况不在少数，我国矿产资源的平均总回收率仅有30%～50%，绝大部分矿山的综合利用率达不到25%，对工业用矿废渣的利用率也仅有29%，如此低的回收率和综合利用率势必会造成我国矿产资源的浪费。在环境方面，矿产的开发严重地破坏了地表环境，对矿区周围整体的生态环境造成严重的损害，矿山废石、废渣的随意堆放，废水的随意排放既造成了耕地资源的被占用破坏，还污染了当地环境。

三、资源回收与垃圾资源化滞后

目前，我国大部分的中小城市仅有垃圾卫生填埋场或垃圾简易填埋场，较少拥有垃圾焚烧（发电）厂、垃圾综合处理厂（如堆肥厂）等设施，拥有物资回收利用设施的城市则更少，此状况在一定程度上制约了资源回收与垃圾资源化的发展，美国在这一问题的处理上具有超前的视野与能力。

美国：把垃圾放对地方[①]

2004年7月，纽约市正式恢复曾在2002年因经费困难而中断的垃圾回收。市政府特地提醒每一个住户：凡属应该回收的垃圾，如废纸、旧报纸和纸箱等，要求折好并用绳子捆绑；玻璃瓶、塑料瓶、饮料和牛奶纸盒、金属罐头等，用透明塑料垃圾袋或专用回收垃圾桶装好，放在

---

① 龚培兴.双赢：生态与经济协调发展——经典案例经验与启示[M].江西：江西人民出版社，2011.

指定的地方，等待卫生局人员收取。纽约的垃圾回收计划，是美国大力推行循环经济的一个缩影。

作为世界头号消费大国和最大的垃圾生产国，美国每年仅生活垃圾就高达2亿吨。为了将这些垃圾变废为宝，美国通过立法强制利用垃圾，同时大力发展垃圾处理厂。早在1976年，联邦政府就制定了《固体废弃物处置法》。1993年美国总统克林顿下令所有政府机构的办公用纸中再生纸必须占20%～30%。2010年时，美国已有半数以上的州专门制定了废弃物再生法案，实行了一系列政策奖励和税收优惠措施。政府立法成为美国发展循环经济的制度保证。除了再生纸，美国其他的回收利用项目也名目繁多，20世纪90年代中期就已有7500个之多。经过几十年的发展，美国循环经济囊括了造纸、炼铁、塑料、橡胶，以及家用电器、计算机设备、办公设备、家居用品等产业。2005年美国几乎所有丢弃的汽车全被再循环使用，家用电器中钢的再循环率达77%，而建筑工业使用再循环钢条和钢板达到95%。美国所生产的钢58%是来自废钢材，仅仅42%的钢材生产是采用铁矿石。在利用废钢高效产钢的电弧炉出现后，再循环生产钢更大量增长，因为由废钢生产钢所消耗的能源，仅为由矿石生产钢的三分之一，且消除了开矿产生的污染和环境破坏。在金属铝使用方面，美国所生产的1020亿个铝罐中，已有640亿个罐获再循环利用，循环利用率为63%。在废弃物处理方面经常被引为典范的美国杜邦公司，在企业内部建立了循环经济模式。该公司通过厂内各工艺之间的物料循环，从废塑料中回收化学物质，开发出耐用的乙烯产品。通过放弃使用某些对环境有害的

化学物质，减少一些化学物质的使用量以及发明回收本公司产品的新工艺，杜邦公司在1994年就已经成功地使本公司生产造成的废弃塑料物减少了25%，空气污染物排放量减少了70%。

（有删改）

在发展循环经济的过程中，我们可以看到美国政府大有作为的影子。早在20世纪70年代，美国政府就开始推广循环经济概念。如今，循环经济已经成为美国国民经济中不可缺少的重要组成部分。设立法律法规、实施优惠政策、明确企业责任、提高国民意识是美国在发展循环经济中的有力措施。例如，美国不仅拨款资助可再生能源的科研项目，还为可再生能源的发电项目提供抵税优惠。2003年，美国将抵税优惠额度再次提高，受惠的可再生能源范围也从原来的两种扩大到风能、生物质能、地热、太阳能、小型水利灌溉发电工程等更多领域。为扩大可再生能源市场，美国采取了由政府部门带头使用新能源的办法。据2005年统计，美国有5.6万个企业参与垃圾回收利用项目，年均销售额高达2360亿美元，其规模与美国的汽车业相当，现在已经成为美国经济的重要组成部分。美国要求其联邦机构使用可再生能源的比例，在2011年达到总能耗的7.5%。

而我国现阶段主要是一些住宅区的保洁人员、拾荒者和垃圾终端处理场内的垃圾分类从业者在实施垃圾分类，他们破开袋装垃圾，回收如易拉罐、报纸、啤酒瓶等目前认为有经济价值的物资，并将其售予国营或民营的物资回收点，而其他具有资源价值的物资，如废电池、废塑料、废纸片、废玻璃和生物垃圾等则基本未予回收。

结语

目前我国正处于工业化、现代化、城镇化发展的进程中，发展中不平衡、不协调、不可持续的问题更加突出，加上中国庞大的人口数量和脆弱的生态环境，发展经济和保护环境的任务十分艰巨。正是面对日益严重的生态危机，党的十八大把生态文明建设作为我国重要的发展战略之一，放在与实现国家现代化的经济建设、社会建设、政治建设、文化建设的同等地位，并把建设美丽中国作为中国梦的重要组成部分。

第二节　治理污染紧迫性

良好生态环境是最公平的公共产品，是最普惠的民生福祉。面对严峻的水污染、大气污染、土壤污染以及固体废弃物污染等形势，如何创新污染治理模式，实现经济、社会和环境保护的协调发展，将是我国生态文明建设急需解决的理论与实践问题。

一、水污染情况

日本：还琵琶湖真颜[①]

琵琶湖是日本第一大淡水湖，湖体水面面积约 670 千米^2，出入河

[①] 龚培兴. 双赢：生态与经济协调发展——经典案例经验与启示 [M]. 江西：江西人民出版社，2011.

流400条,蓄水量为275亿米^3,是京都、大阪、神户三市居民的主要饮用水源及工业水源。琵琶湖流域面积3174千米^2,是日本近年来发展速度最快的地区之一。据日本环境省水与大气环境局的负责人介绍,1977—1992年,琵琶湖几乎每年都要暴发淡水赤潮。原生水草被外来水草所代替,河湖水质富营养化,水变得臭气熏天,生态受到严重破坏。这主要是因为当时日本正处于战后经济急速发展时期,随着工业的发展和人口的增长,城市工业废水和生活污染物排放量增加,工厂污水没有任何限制地排放到河流、湖泊,大量未充分处理的生活污水也排放到河流、湖泊,加上农业排放和水土流失等,导致琵琶湖严重富营养化。

为治理琵琶湖,日本政府采取了一系列措施。

首先是控制污染——截污。控制工商业氮和磷的排放浓度,排放标准比国家排放标准更为严格:禁止家用含磷洗衣粉的销售和使用;控制化肥的使用量并出台相关的灌溉管理办法,农田灌溉采取浸润灌溉、喷灌、滴灌等节水措施,并且合理施用化肥、农药。还采取一些绿色覆盖、免耕种植等措施,从源头上控制了农业方面对琵琶湖的污染;改进养殖业动物粪便的处理措施,保证家庭废弃物不排入公共水体;农民家中厨房里洗碗池的下水道口用塑料网兜扎起来,不让食物残渣进入下水道。

其次是治山养水。在琵琶湖周围的山上开展植树造林,经过几十年绿化，植被的覆盖率几乎达到了100%。山上覆盖的都是常绿阔叶林，起到了很好的蓄水保土作用，雨季避免了山地的水土流失，旱季又将蓄积在地下的水分释放出来。因此，从山上流出进入琵琶湖的水都是清洁的长流水，这就从源头上控制了山地面源对湖泊的污染，并且为琵琶湖提供了充足的水资源。为了防止生活用废油直接流入地下，日本研制出了一种废油固定剂，只要将其投入到废弃的食用油中，废油就会凝固，然后可以将其捞出，收集到专门的容器里，集中处理。

最后是公共教育。当地政府在湖边建起了琵琶湖博物馆，博物馆的规模很大，馆内展示了琵琶湖的演变历史，古生物和现代生物物种，外来物种入侵情况，古代琵琶湖地区居民的生活情况，捕鱼和航运的发展历程，环境监测的发展，水质的变化情况，环境保护措施等，这些都是用标本、图片、实物、文字说明来展示的。广泛进行环境保护科普教育，提高全民的环保意识，让公众参与环境保护。日本政府投入185亿美元，花了30年时间才将琵琶湖水质恢复成三类水。如今的琵琶湖不仅重新恢复了美丽的容颜，还成为日本著名的旅游胜地。

琵琶湖水质变化的过程给我们清晰描绘了传统"先污染后治理"发展模式下生态环境治理的场景。琵琶湖治理耗时30多年，耗资185亿美元，才取得今天的成效。琵琶湖水质的恢复是源水培育、湖水治理、生态建设、政府主导、全民参与等多措施并举的结果，值得我们深思，值得我们借鉴。

（有删改）

二、大气污染情况

2015年冬至2016年春，我国出现长时间大范围的雾霾天气，影响17个省市区，占国土面积1/4，受影响人口达6亿。其中，北京PM2.5浓度一度达到700微克/米^{3}以上，被称为"新雾都"。按照2012年出台的新的《环境空气质量标准》，全国330多个地级以上城市中，有近2/3的城市达不到二级标准要求。那么，如何有效地推进大气污染治理，让我们看看英国的前车之鉴——伦敦烟雾事件及其治理。

（一）"雾都"的产生

英国伦敦是世界上著名的"雾都"，作为世界上最早进行工业化的国家，与工业化发展如影随形的，是以雾霾为代表的空气污染，其中尤以伦敦为甚。伦敦地靠海洋，属于温带海洋性气候，空气湿度大，很容易产生雾气。原本空气中普通的水雾并没有什么危害，但是，20世纪50年代，伦敦工业大量用煤作为燃料，再加上居民生活取暖也以煤为主，造成市区烟囱林立，昼夜不停地向空中排放大量的烟雾，据不完全统计，英格兰和威尔士每年由铁路、工厂和家庭释放出来的烟雾高达250万吨。烟和湿气积聚在离地面几千米的大气中，雾滴混杂上烟里的有害气体和颗粒，形成烟和雾的混合物——"烟雾"，对人体的呼吸系统会产生极大的损伤。

（二）致命的"烟雾事件"

在1965年之前，伦敦就曾先后发生过12起有据可查的重大烟雾事件。其中，最为严重、影响最大的是1952年的烟雾事件。

1952年12月5日，逆温层笼罩伦敦，城市处于高气压中心位置，垂直和水平的空气流动均停止。当时伦敦居民都用烟煤取暖，燃烧产生的烟雾不断积聚，经久不散，大气烟雾最高浓度达4.446毫克/米^3，为平时的10倍；二氧化碳日均浓度达3.83毫克/米^3，为平时的6倍。烟雾中的三氧化二铁使二氧化硫氧化产生硫酸泡沫，形成酸雾。飘尘不仅刺激呼吸道，而且其表面还能吸附多种有害物质，这些物质联合作用能加剧对呼吸道的损伤。

当时，伦敦正在举办一场盛大的牛展览会，首先是参展的牛对烟雾产生了反应，350头牛中有一头牛当场死亡，52头牛严重中毒，其中14头奄奄一息。不久，伦敦市民也对毒物产生了反应，部分市民感到胸口窒闷，伴有咳嗽、喉痛、呕吐等症状，当天的死亡率即有所上升，到第三天和第四天，发病率和死亡率激增，在事发后5天时间内死亡人数达到4000。在烟雾笼罩的一周内，因支气管炎、冠心病、肺结核和心脏衰竭死亡的人分别为前一周同类死亡人数的9.3倍、2.4倍、5.5倍和2.8倍，肺炎、肺癌、流感及其他呼吸道病患者死亡率均成倍增长。

其间由于毒物的影响，不仅大批航班取消，甚至白天汽车在公路上行驶都必须开着大灯。室内音乐会也取消了，因为人们看不见舞台。12月9日之后，由于天气变化，毒物逐渐消散，但在此之后两个月内，又有近8000人因为烟雾事件而死于呼吸系统疾病。

事后，英国政府的一份报告指出：伦敦烟雾导致死亡率的增加，是雾中污染物刺激呼吸道的结果，雾中的刺激性物质可能是煤燃烧的产物。由于致害原因未彻底弄清，也就无法采取有效的防治措施，以致伦敦在1956年、1957年和1962年又连续发生烟雾事件。1952年的事件引起了政府当局和民众的注意，英国当局组织人员对此专门进行分析研究，彻底找到了致害原因，并针对性地采取了防治措施。1965年以后伦敦再未出现烟雾事件。

（三）严格立法治理大气污染

"伦敦烟雾事件"夺走了超过1.2万人的生命。事后，英国政府最初反应是尽力撇清政府的责任。出于经济考虑，当时的政府不愿对事故进行调查，更不愿进行环保立法，认为立法会拖经济发展的后腿。在此期间，媒体持之以恒地进行报道，对烟雾事件"穷追不舍"。大英报纸档案网站数据显示，整个20世纪50年代，英国报纸以"伦敦大烟雾"为主题的报道近4000篇。在媒体以及部分议员的压力下，伦敦政府成立了以比弗爵士为首的委员会，对大烟雾进行调查。

比弗委员会一年之后交出最终报告，直指经济发展所耗的燃煤为烟

雾事故罪魁祸首。在这份报告的推动下，1956年，《空气清洁法案》终于诞生。法案要求严格控制空气污染，大规模改造城市居民的传统炉灶，减少煤炭用量；冬季集中供暖，煤烟污染的大户——发电厂和重工业设施被迁到郊区等。得益于该法案，到1960年，伦敦的烟雾排放总量下降了37%，冬季日照时间增加了70%。该法案为英国以法律的方式治理空气污染奠定了基础。此后，英国的环境立法工作一直走在世界前列。20世纪70年代，英国政府推出了《工作场所健康和安全法》，规定污染工业必须采取最有效的手段避免将有害气体排入大气，否则对其施以罚款等严厉处罚。1974年，政府又出台《空气污染控制法案》，规定了工业燃料的含硫上限等一系列硬性指标。70年代中后期，伦敦空气已较为清新，日照时间大大增加；到了1980年，伦敦每年的雾霾天气减少到了个位数。

为应对机动车尾气污染的加剧，从1993年开始，英国政府规定所有在英国出售的新车必须加装催化器以减少氮氧化物污染。1995年，英国通过《环境法》，要求制定一个治理污染的全国战略。2001年，伦敦市发布了《空气质量战略草案》。与此配套，英国政府出台了一系列限制汽车尾气排放的措施：推广使用无铅汽油；在市中心设立污染监测点，警察可拦截有过多污染迹象的车，对其进行测试，并有权对未通过测试的车主实施罚款；还限制伦敦市民私家车进入伦敦，计划在近20年的时间内，减少伦敦私家车流量9%。同时，伦敦当局设立了公交专用道，大力提倡巴士与火车等公共交通，密如蛛网的地铁线已成为伦敦公共交通的重要保证。

此外，伦敦空气的改造不仅有政府及立法机构付出的努力，还有各种环保组织、媒体、公民个人对治理空气污染的重要践行。如果公众对环保部门的工作不满意，或者认为造成污染事故的原因很大一部分是环保部门的不作为，他们可以起诉环保部门。1958年，英国全国只有200多个社区有旨在提高地方环境质量的团体，但到1975年则增加了6倍。到了80年代后期，环保组织成为国家环境政策的重要监督者和促进者，上升为英国政府政治生活中一个举足轻重的压力集团。同时，环保组织也努力通过各种方式提升公民环保意识，并通过改变人们的消费倾向来影响企业生产及政府决策。

经过半个多世纪的治理，曾经客居伦敦的中国作家老舍先生笔下"乌黑的、浑黄的、绛紫的，以致辛辣的、呛人的"工业时代的伦敦烟雾早已成为过去，蓝天重新回归伦敦。

三、土壤污染情况

明治维新标志着日本进入全面工业化时代。然而工业化需要大量的铁、铜、锡、汞等金属，但当时糟糕的交通严重制约了日本的发展，于是明治政府鼓励国民就地开采、冶炼加工金属，全国

涌现出数以万计的矿山,小作坊式的生产遍布全国,土壤污染日益严重。这种状况在太平洋战争中更为恶化,大量冶炼厂、军火零件商、装配厂隐匿于民房、仓库、学校,甚至养老院中,产生了大量的污水和废弃物,重金属处理液不停地排入城市下水道,流向湖泊、空地、稻田、果林、养殖场和大海。因此,随之而来的是日本爆发了震惊世界的环境危机。1931年,镉污染引发的"痛痛病"开始出现,到50年代蔓延到全日本。患者吃了污染的稻米,金属镉沉积在体内,全身骨痛,行动困难,婴幼儿夭折率奇高,幸存者身材矮小,发育不良,极易骨折。1956年汞污染引起的水俣病,1961年四日市石化废气引发的哮喘病事件,1965年新潟县第二次水俣病暴发。至此,日本才将环境问题放在重要位置,不过为时已晚,全国没有污染的土地屈指可数。

目前,我国土壤环境管理上也存在一些问题。一是土壤环境保护任务艰巨。我国化工产业规模较大,污染物排放将加重流域土壤污染和区域性污染。随着我国矿产资源的不断开采,土壤中的有机污染物和重金属污染物不断增加,超过了土壤能够承受的负荷,给土壤环境带来巨大压力。对于农业生产来说,为了更好保障粮食产量,农产品种植仍大量使用农药、化肥等，导致重金属以及农药等有害物大量留存到土壤中，造成土壤的质量下降。二是土壤环境问题日趋复杂。我国土壤污染除重金属污染外，有机物污染也越发严重。抗生素和病原菌等污染物对土壤的污染也不断增大，土壤环境问题越发复杂，增大了土壤环境风险管控的难度，极易造成土壤环境问题突发。土壤污染问题已经成为影响居民健康的重要因素，如果不针对存在的问题采取必要的措施，未来我国土壤污染问题将更难以解决。三是缺乏健全的土壤环境监督管理体系。我国还未出台土壤环境保护的专项法律法规。目前实行的监测分析方法、环境质量标准等已无法满足目前土壤环境保护的需要。同时，我国的土壤环境监测和风险预警系统建设存在滞后性，不能有效地对区域内的土壤环境进行监控。此外，土壤环境保护方面的技术和装备研究不足。我国在土壤环境保护和污染治理方面缺乏资金保障，各级地方政府缺乏统一组织和分工，未形成高效的土壤环境保护管理体制。

四、固体废弃物污染情况

固体废弃物也称固体废物，指人们在生产过程中和日常生活中产生的固体和泥状物质。按其来源不同，主要分为生活垃圾、工业固体废弃物、危险固体废物等。

生活垃圾。生活垃圾指人们在日常生活中或者为日常生活提供服务的活动中产生的固体废弃物。其中包括城市生活垃圾和农村生活垃圾，主要是废弃包装用品、厨余垃圾、废旧电池、金属等。主要成分因生活水平，以及习惯、季节、气候等不同而不同。

工业固体废弃物。工业固体废弃物主要是指工业部门在生产活动中产生的废弃物，即工业生产中排入环境的废渣、粉尘和其他废弃物。工业废弃物堆积量大、成分复杂，性质也是多样的，而且许多都含有有毒成分，对环境污染很大，甚至对人的身体健康产生危害。

危险固体废弃物。危险固体废弃物是指列入国家废弃物名录或是根据国家规定的危险废弃物鉴别标准和鉴别方法认定的具有危害性的废物。通常是指具有毒性、腐蚀性、易燃性、反应性和感染性等一种或一种以上危险特性的固体废物。其管理不当会危害人类身体健康，造成环境的重大污染。

结语

环境问题是摆在我们面前的一个十分严峻的问题。据有关资料反映，我国每年产生的固体废弃物可利用而没有被利用的资源价值达250多亿元人民币。发达国家再生资源综合利用率达到了50%～80%，而我国只有30%，并且固体废弃物无害化处置与发达国家相比差距甚远。为此，我国专门制定了一系列环境保护法规，各级环境保护机构在长期对固体废弃物，特别是城市固体废弃物管理过程中，积累了大量经验，建立了较为完善的管理体制。但是由于我国人口众多，固体废弃物产生量大，堆积量大，已占用了大量的农田，并且对于固体废弃物的处理还十分欠缺，再加之一部分国民的环境保护意识不强，只以经济为重心，缺乏固体废弃物回收利用及分类处理的常识。因此如何合理利用回收固体废弃物，并将其资源化、产业化，从源头上真正减少废弃物的排放，并在废弃物的回收处理中利用其价值，成为我国乃至全世界都需要积极解决的重要问题。

第三节 物种保护紧迫性

生物多样性是地球上的生命经过几十亿年发展进化的结果，是人类赖以生存的物质基础。然而随着人类社会活动的不断加强，全球环境持续恶化，生物多样性正以空前的速度消失，生物多样性保护已成为国际社会广泛关注的全球环境问题。中国既是生物多样性特别丰富的国家，又是生物多样性受严重威胁的国家之一，保护生物多样性、防止生物灭绝刻不容缓。

一、环境恶化导致生物多样性锐减

当代中国生态文明建设中还存在着生物多样性锐减的态势，这主要是人为原因导致生态环境破坏而造成的。这些人为因素包括人口的压力和经济的发展等，正是这些因素导致生物多样性所需要的生态环境在逐渐退化和丧失。很多物种在逐渐减少，再加上外来物种的入侵和资源的严重破坏，致使情况愈加恶化。

曾经，乳齿象、猛犸象、剑齿虎、美洲豹等各种各样的大型哺乳动物在这个星球上繁衍生息。之后，现代人类遍布全球，这些动物大部分永久地消失了。可悲的是，最新研究发现，大型哺乳动物的灭绝趋势仍在继续，而小型物种的生存也受到威胁。

据澳大利亚"对话"网站报道，一篇发表在《科学进展》杂志上的论文分析了74种最大型陆生食草动物（体重超过100千克）的生存境况、面临的威胁和它们对生态环境的贡献。结果发现，它们当中60%的物种都面临灭绝的危险，其中既包括一些广为人知的标志性物种，如大象、河马、犀牛、欧洲野牛和印度水牛；也包括一些知名度较低的物种，如羚牛、林牛、高山和低地地带的小野牛以及明多罗水牛等。

大型哺乳动物的消失只是一个缩影。2015年11月发表在《自然》杂志上的文章指出，过去500年来，人类已经使陆地上野生动植物总量减少了10%，使物种总量减少了14%，绝大多数损失都发生在100年以内。

这是科学家在分析了70多个国家的近2.7万个物种、100多万条生态多样性改变记录后发现的结果。其中14%的物种灭绝只是全球平均水平。在有些地区，生物多样性保存较好，而在其他地区，例如西欧，已经失去了20%到30%的物种。

二、物种灭绝或濒危影响生态平衡

物种灭绝，是生物物种消失的现象，指某一个物种的生命过程完全终止，其物种的个体将不再产生。灭绝是一种复杂的现象，既有生物内在的因素，也有外部环境的原因，既是偶然的，也是由生物发展规律所决定的。根据对物种保护程度认识的不同，灭绝可以分为5种类型：背景灭绝，与正常环境变化不能适应而最终导致的全部死亡现象；集群灭绝，由于生态环境发生剧烈的变化而导致的生物大规模灭绝现象；野外灭绝，指仅在人为控制下有存活，而不存在野生个体的现象；局部性灭绝，物种仅在非栖息地以外有发现的现象；生态灭绝，物种数量减少到对群落的其他成员不足以产生影响的现象。[①] 在空间因素下，物种灭绝则分为强物种灭绝和弱物种灭绝。强物种灭绝主要由生态环境毁坏引起，而弱物种灭绝由竞争与生态环境毁坏共同导致。多种多样的物种是生态系统中不可或缺的组成部分，某些物种的灭绝，可能导致生态系统

---

① 刁雯雯，颜忠诚. 物种灭绝机制 [J]. 生物学通报，2007（2）.

稳定性的破坏，甚至使整个生态系统崩溃。尽管生物多样性对人类至关重要，但物种的灭绝是一种非常正常的自然过程，所有物种都有其特定的生命周期。①

既然物种的濒危和灭绝有它自身的发展规律，我们为什么还要关注物种灭绝的问题呢？这就涉及物种的被动灭绝与自然灭绝。现在的物种灭绝跟历史上的几次大规模物种灭绝的最大不同就是，历史上的物种灭绝过程，是地质的变动和重大的自然灾害造成的，现在的物种灭绝主要是人为的、对环境的破坏和人类对自然的近乎疯狂的掠夺造成，这些物种的灭绝会打破生态系统的平衡，从而使人类生存环境急剧恶化。而且，人为因素造成的物种灭绝速度，要比物种自然灭绝速度快很多。需要注意的是，历史上大规模的物种灭绝后，就会腾出很多的空间，即"生态位"，这种"生态位"为很多新的物种的产生提供了有利的条件，而物种被动灭绝腾出来的"生态位"所处空间的生态环境也在恶化，并不能导致新物种的产生，这就使我们不得不百倍地关注物种灭绝这一严重的大问题，认清物种多样性与人类唇齿相依的关系，将保护物种多样性作为己任。

---

① 克里施纳默西. 生物多样性教程 [M]. 北京：化学工业出版社，2006.

结语

随着经济社会的发展，人们的不当行为导致了生物数量锐减。生物数量的减少又反过来影响人们的生产生活环境。这些都对人与自然的和谐共处造成威胁。因此，推进中国特色社会主义生态文明建设，加强对生态环境和生物多样性的保护至关重要。

第四节　生态保护紧迫性

随着全球工业化进程加快，全球气候变暖导致的灾害日益增多：高温和暴雨天气危害世界部分地区；海平面上升令沿海地区洪涝灾害增多，陆地水源盐化；热带风暴更频繁、更猛烈地光顾地球等，都给人类带来诸多灾难。维护地球生态平衡，保护与合理利用一切自然资源与能源，提高人类对城市生态系统的自我调节、修复、维持和发展的能力，使人、自然、环境和谐相处，实现我国生态平衡治理。

一、生态系统破坏加剧

作为一个独立运转的开放系统，生态系统有一定的稳定性，生态系统的稳定性指的是生态系统所具有的保持或恢复自身结构和功能相对稳定的能力，生态系统稳定性的内在原因是生态系统的自我调节，生态系统处于稳定状态时就被称为达到了生态平衡。自然生态系统是千百万年甚至更长的地质历史年代所形成的，是相对稳定的、有自身特点的一个自然状况，良好的自然生态系统应该说具有一定的或者相当的抗灾和减灾的能力，但是随着人类活动的不断加剧，有些开发建设，特别是一些不合理的开发建设活动，可能会对生态系统造成严重的破坏，使自然灾害的强度进一步加剧，破坏、影响包括损失可能会进一步加大。

二、生态系统自我调节能力降低

生态系统保持自身稳定的能力被称为生态系统的自我调节能力。生态系统自我调节能力的强弱是多方因素共同作用体现的。一般来说，成分多样、能量流动和物质循环途径复杂的生态系统自我调节能力强，结构与成分单一的生态系统自我调节能力就相对弱。热带雨林生态系统有着最为多样的成分和生态结构，因而也是最为稳定和复杂的生态系统。北极苔原生态系统由于仅地衣一种生产者，因而十分脆弱，被破坏后想要恢复需花费很大代价。生态系统的调节能力有大有小，这主要取决于它自身的结构特点。一般地说，生态系统中生物种类越多，营养结构越复杂，自我调节能力就越大；反之，生物种类越少，营养结构越简单，生态系统的自我调节能力就越小。

澳大利亚：兔灾

澳大利亚大陆在长期的演变过程中，形成了自己的生态系统。英国人在 19 世纪引入欧洲野兔，结果繁殖成灾，草原被破坏得非常严重，当时的澳大利亚人常常"谈兔色变"。

澳大利亚原本没有兔子。1859 年，一个叫托马斯·奥斯汀的英国人来澳大利亚定居，随身带来了 24 只野兔，放养在庄园里，供他打猎取乐。后来，宠物兔子陆续逃亡到了野外，奥斯汀绝对没有想到，100 年后，这 24 只野兔的上亿"子孙"给整个澳大利亚带来了无尽的烦恼。

野兔发现，这里简直是它们的天堂：有茂盛的牧草，却没有鹰等天敌。它们与牛羊争牧草，啃树干，常常把数万平方千米的植物啃吃精光，严重破坏了植被，导致水土流失，其他种类野生动物面临饥饿，甚至有灭绝的危险。

专家计算，这些野兔每年至少造成1亿美元的经济损失。澳大利亚人开始想尽办法控制兔子的扩散和繁殖——筑围墙、打猎、捕捉、放毒、引进天敌狐狸等。但是，兔子的繁殖力极为惊人，一对兔子一年可生下成百上千只兔子，因此这些办法并没有什么作用，至今兔子仍是澳大利亚的祸害。

结语

在自然界，任何生物群落都不是孤立存在的，它们总是通过能量和物质的交换与其生存的环境不可分割地相互联系相互作用着，共同形成一个统一的整体，这样的整体就是生态系统。换句话说，生态系统就是在一定地区内，生物和它们的非生物环境（物理环境）之间进行着连续的能量和物质交换所形成的一个生态学功能单位。

生态系统的调节能力存在限度。外力影响超出这个限度，生态平衡即遭到破坏，生态系统便会在短时间内发生结构变化，例如一些物种的种群规模发生剧烈变化，另一些物种则可能消失，也可能产生新物种。但变化的总结果往往是不利的，它削弱了生态系统的调节能力。生态系统的恢复往往需要较长的时间，甚至会出现不可逆的状态，这就是生态系统的失衡现象。作为生物圈一分子的人类，对生态系统的影响已然超过了自然力量，成为主要负面影响因素，因此，我们应大力考虑人为破坏导致生态失衡的动机与原因，并找到妥善解决的办法。

第五节
新时代中国特色社会主义生态文明制度建设紧迫性

自党的十八大以来，生态文明制度创新取得了巨大成就，然而由于生态文明制度刚刚开始建立，面临着许多现实的问题需要解决，如生态文明制度管理机制不健全，生态环境产权制度不明晰，生态法律法规制度不完备，生态文明建设公众监督和参与机制不完善等等。

一、生态文明制度管理机制不健全

目前我国的生态文明建设还处在初级探索阶段，生态文明制度尚需逐步完善。主要表现在内容上还不够丰富，体系上还不够完整，规范上还没有达到客观要求。生态文明制度是一个多分支、多侧面、多层次的制度体系，它所涵盖的内容非常广泛。我国的生态文明制度包括生态文明战略、生态文明法律和政策、生态文明体制及生态文化等基本内容，这些基本内容是生态文明制度建设中的重大突破，也是重要的创新，是在探索生态文明建设阶段中的一些重要的尝试。虽然这些基本内容都已经呈现，但它们本身各自内容都不完善，而且所处的层面，以及所反映的内涵都和生态文明制度所要包含的内容还有很大差距，尚待进一步拓展及完善。

目前生态文明制度体系，从静态上来看并不完善，有的系统相对完整一些，功能发挥得好一些，但有的系统相对比较差，功能发挥弱。比如，从生态文明战略上来看，国家已经有了比较完备的宏远目标及规划。继党的十八大将生态文明首次纳入"五位一体"国家战略总体布局后，

十八届五中全会又将生态文明建设首次纳入"十三五"规划。到目前为止,具有中国特色的生态文明法律体系已经基本形成。然而,同生态文明战略及生态文明法律及政策的发展相比,生态文明体制及生态文化的发展略显不足,但也在不断发展中。如2015年9月,中共中央、国务院印发《生态文明体制改革总体方案》;2016年4月,国家林业局印发《中国生态文化发展纲要(2016—2020年)》。这说明我国政府非常重视生态文明制度的创新及发展,并在实践中不断出台新的政策促进生态文明制度的完善。从动态上来看,生态文明制度这个体系还要适应社会主义现代化建设的客观要求,适应生态文明建设的要求,不断地与时俱进,因此就会对生态文明体系的完善提出更高的要求,带来更高的挑战。目前虽然生态文明制度已经初步确立,但是无论从静态来看,还是从动态来看,都有待发展、有待完善。

二、生态环境产权制度不明晰

生态环境产权是指行为主体对某一资源环境拥有的所有、使用、占有、处分及收益等各种权利的集合。生态环境产权制度是指在生态环境领域建立一整套包括产权界定、产权交易、产权保护的现代产权制度。从某种意义上讲，人类发展的前景和程度完全取决于实现资源可持续利用的程度，只有对一草一木，一山一河建立和完善生态环境产权制度，对每一个生态要素都产权清晰，才能在最大程度上避免"公地悲剧"现象的发生。现阶段，我国生态环境产权制度不明晰主要体现在以下几个方面。

有效的税收体制尚未建立。一方面，征税力度过低。我国法律对有毒有害产品，特别是对危害环境的一次性产品使用，存在准入门槛低，征收数额过小的问题，导致对环境污染严重的消费产品不能从源头上得到有效控制。另一方面，征税范围过窄。我国的资源税征收范围过窄，现如今仅对矿产品和盐征收资源税，而国外的资源税还包括植物、草原、海洋、滩涂等资源。[①] 实际上，面对自然资源的不可再生性，通过完善有效的自然资源的税制，有利于实现自然资源的可持续利用。实现生态资源的可持续发展，需要通过有效的税收体制抑制对资源环境的不合理需求与开发。

生态补偿机制不完善。现阶段，我国生态补偿机制的不完善体现在以下五点：一是生态补偿主体单一，主要是指政府这一主体。二是生态补偿资金来源单一，主要来源于中央政府对地方政府的转移支付和专项基金的纵向支付，缺乏地方政府间的横向补偿支付。三是生态补偿责权不明晰，出现生态补偿过程中的多头管理，条块分割，无法形成合力。四是生态补偿标准不明确，对受偿地区的具体金额缺少一套科学合理的测算方法，大多数时候靠领导干部拍脑门决定。五是生态补偿机制缺乏连续性和稳定性，现阶段我国对于生态的补偿还是以"项目工程"为主。

生态资源市场机制不健全。生态化的市场机制要求企业能够运用生

---

① 高萍. 中国环境税制研究［M］. 北京：中国税务出版社，2010.

态理性思考人与自然的关系并能做出与之相符合的经济行为,但是当前生态资源市场机制不健全造成国有自然资源的流失与浪费。一方面,市场没有很好地在自然资源配置中起决定作用,资源性产品被很多垄断部门所控制,自然资源的稀缺程度没有充分显露出来。另一方面,尚未建立起有利于绿色环保技术创新、应用的市场机制。绿色技术开发的周期长,费用高,风险大,利润相对较低,往往是依赖政府的投入,投资渠道单一,机构失衡。排污设施建设周期长,成本高,企业缺乏进行资源再生、循环利用的动力,宁愿支付较低的违法排污成本,因此造成极大的资源浪费。

三、生态法律法规制度不完备

生态法律制度在整个生态文明制度建构中具有举足轻重的地位,与其他制度相比,生态法律制度尤为重要,但是当前我国生态法律法规制度却不完备,存在诸多问题。现阶段我国拥有一批有关资源节约和环境保护的法律法规,但是整体而言专门性法律少,标准低,操作性弱,并且法律制定具有一定的滞后性,缺乏约束力和强制力。

在立法方面,立法体系不完备,存在立法空白。我国虽然制定了《环境保护法》《土地管理法》《固体废物污染环境防治法》等多部有关生态环境资源开发保护、能源有效利用方面的法规,但是在一些对我国生态文明建设有举足轻重的关键区域、重要领域还没有相应的法律法规,如弱势群体受到生态环境损害后得不到必要补偿的法规。在执法方面,法治震慑力明显不足。生态环境法律法规的执行力度比较弱,缺乏必要强制手段。对生态环境违法犯罪行为的处罚普遍比较宽松,结果造成违法成本低,守法成本高的现象存在。现行环保法律主要是以环境污染防治为主,而涉及资源开发、环境保护、损害赔偿、生态修复和责任追究等具体领域的生态文明法律还没有建立;有些法律规定在内容上过于简略、笼统,原则性不强,弹性条款多,又缺乏配套的文件,不便于操作。

有些环保法规多强调行政管理手段，缺乏行政指导、经济刺激等弹性措施规定。因此在生态文明建设过程中，一定程度上存在着无法可依和有法难依的问题。另外，我国农村地区更是缺乏生态环境保护方面的法律法规。随着城镇化进程的加快，城市污染的区域转移，加快制定农村地区生态环境保护的法律法规越发重要。

四、生态文明建设公众监督和参与机制不完善

当前我国生态环境污染或者说在生态文明建设过程中出现很多棘手问题还有一个比较重要的因素就是生态文明建设的主体不是非常明确，部分重要主体力量的积极性没有很好地调动起来，也就是说未能全面调动民众和社会组织参与生态文明建设实践。政策再好，制度再健全，技术再先进，资金再充足，如果没有强大的人力、社会组织以及广大党员干部的积极推动和踊跃参与，新时代中国特色社会主义生态文明建设就可能流于空想或者形式化。因此，全面调动民众和社会组织参与生态文明建设实践成为当前推进生态文明建设和环境保护的一项重要工作。而我国在这方面恰恰存在宣传力度不够、民众的认识不到位、相关政策缺乏支持等问题。总之，未能全面调动民众和社会组织参与生态文明建设实践，已经成为制约当前大力推进中国特色社会主义生态文明建设和环境保护的重要现实挑战。

目前公众的生态文明观念还比较淡薄。第一，生态文明的价值观淡薄。由于我们长期处在工业文明时代，人们的价值观是"人是自然的主宰，自然是从属地位"，只有人是唯一主体，其他生命和自然界是人的对象；认为只有人是有价值的，而其他生命和自然界不存在价值，也没有价值。这种价值观强调人要征服世界，利润最大化为发展的驱动力，并且推崇极度的物质享受，以致对自然资源肆意地挥霍及过度地开发。第二，生态文明的生产观念淡薄。工业文明时期的生产观念滞后，只考虑经济增

长,是粗放型的生产观念;高投入、高消耗、高污染使得环境日趋恶化。第三,生态文明的生活观念淡薄。喜欢高碳生活的人群不在少数,这种生活无形中增加了空气中的二氧化碳,久而久之便形成了温室效应,带来了严重的环境问题。比如,在住房方面,目前整个城市群以及大部分农村房屋都是水泥、钢筋、混凝土结构,这类房屋不仅碳含量高,而且夏热冬寒,增加生活能耗。生活观念滞后还表现在资源循环利用率低。不少居民资源循环利用意识还不强,资源浪费和环境污染现象比较严重。比如,对于废电池,对于生活垃圾,还是有相当一部分人选择随意丢弃。第四,生态文明的消费观淡薄。工业文明为了发展市场经济,追逐经济利益,不断地鼓励和刺激人们的消费欲望,人为地制造了整个社会的过度消费、虚假消费和盲目消费,使得消费迷失了方向,偏离了正轨,出现了消费异化的现象。这种消费方式以大量消耗自然资源为条件,以污染和破坏自然环境为代价,以追求豪华奢侈的生活为目的,完全是一种有违社会和人类自身健康发展的错误的、扭曲的生活方式。

结语

生态文明观念在生态文化中具有导向作用,生态文明观念决定生态文化的发展方向和所拥有的价值及所承载的指向,所以在生态文化中生态文明观念是很重要的内容。但是,工业文明的本性及其发展逻辑却依靠过度消费方式维持自己的生存。在今天看来,这种消费观念已经滞后。生态文明建设是全社会的任务,我们每个社会成员必须行动起来,从我做起,从日常生活做起,摒弃过度消费,崇尚低碳生活,如此,生态文明建设才能真正落到实处,收到实效。

第二章
"美丽中国"任重道远

第一节　意识因素

中国特色社会主义现代化不能以牺牲生态环境为代价，社会主义现代化不能脱离生态文明建设，二者和谐共处，并驾齐驱。生态文明建设是一项利在当代、功在千秋的有利于人类社会和自然界协调发展的伟大工程。新时代生态文明建设必然会面临一系列挑战和制约因素，尤其是在生态文明意识层面和社会力量参与程度等方面存在不足。

一、公民的生态思想观念极其薄弱

要推动新时代中国特色社会主义生态文明建设，需要加强和提高生态文明建设相关重大理论建设和研究，深化公民对生态文明思想观念的理解。"不是意识决定生活，而是生活决定意识。"[①]从马克思唯物主义理论观来讲，客观物质决定主观意识，生态意识的内容和理论形式就是人类对客观自然生态环境的主观认识和总结，生态意识的本质就是人类对自身发展环境和发展规律的主观反映。国内的学者认为：生态意识是人类以包括自己在内的一切生物与环境之关系的认识成果为基础而形成的特定的思维方式和行为取向。是人们为了保护良好的生态环境，对于自身行为自觉地按照生态发展的规律来规范各种活动的观念和意识。[②]从本质上讲，"人类如何对待人类自身的问题"和"人类如何对待自然

[①] 中共中央马克思恩格斯列宁斯大林著作编译局. 马克思恩格斯选集：第 1 卷 [M]. 北京：人民出版社, 2016.
[②] 高中华. 环境问题抉择论——生态文明时代的理性思考 [M]. 北京：社会科学文献出版社, 2004.

界的问题"是相互关联的问题,二者互为前提。在生态文明建设过程中,不难看出,如何处理生态修复和生态危机等现实问题等同于人类对自身"如何发展"问题的深思。因此,建设新时代生态文明的同时,要加深对生态意识的认识。

目前,民众在生态理念方面存在不足。首先,是对马克思主义自然生态观的理解。马克思主义自然生态观是一种全新的生态理念,是由"改造自然""占有自然"向"尊重自然""解放自然"的友好转变。以往的自然生态观,是指人类为了满足自身生存和发展,利用生产工具不断革新,以无节制地掠夺自然资源为根本目的的理念;正如学者莱斯所说,"这种流行的意识形态对于它的信徒们,以及他们的牺牲品即自然环境和其他人类团体来说,不可避免的是自我毁灭的。基于这种意识形态的行为的最根本的不合理的目标就是,把全部自然(包括人的自然)作为满足人的不可满足的欲望的材料来加以理解和占用。"[1] 这种"流行的意识形态"理念的不合理之处主要体现在,扭曲的自然生态观以人的自身利益为中心,对自然界肆意地索取和无

---

[1] 莱斯.自然的控制[M].岳长龄,李建华,译.重庆:重庆出版社,1993.

节制地开发，必然引起生态破坏，环境恶化，人类社会发展也必将受挫。其次，是充分理解生态意识的伦理观。生态意识的伦理观，是人们对人与自然的关系一种道德层面的认知，从伦理层面看，生态意识是人对自然内在价值的确认，是人对自然界的道德关怀。①生态意识伦理观，促使人们用伦理道德去衡量人类在整个生物圈居于何种地位，以及用何种态度对待"人类以外"自然的内在价值；所以，生态意识伦理观是人类用道德伦理衡量和对待人类社会、自然界及整个生态链的一系列关系的价值标准和规范。

公民的生态思想观念薄弱具体体现在，人们对大自然极限式的挑战和利用。主要是因为公民自然生态观和伦理观的匮乏和缺失，在如何对待人与自然的关系的时候，坚持"控制自然"和"人类中心主义"的错误观点和思想理念。在很多人的意识中，人类可以以不断更新的科学技术为重要手段，把全部自然当做可以改造和占用的客体来满足人类的欲望。

二、社会力量参与不够

社会力量主要以间接或直接方式参与生态文明建设和生态治理的事务，促进和协调公众力量积极参与公共事务的治理，实现社会整体快速、健康、良好发展。在公众参与生态文明建设的过程中，受社会客观条件和公众主观因素的双重制约，社会力量参与生态文明建设的程度不容乐观，仍然表现为乏力。在浙江，率先开启的"意识引领行动，共建方能共享"的主题活动解决了这种社会力量参与不够的问题，并取得良好效果。

---

① 秦书生.生态文明论［M］.沈阳：东北大学出版社，2013.

浙江：意识引领行动，共建方能共享[①]

12万条大大小小的河道边，不时活跃着各式各样的身影：既有身负职责使命、手持"河长制APP"拍照上传的各级河长，也有一队队打着旗帜巡河护河的"河小二"志愿者；既能看见由各地民间环保组织招募的"排污口守望者"，还能看见金发碧眼的国际友人沿河巡查。春风化雨，润物无声。近年来，浙江以群众对美好环境需求为导向，不断创新环境保护宣传教育工作，创设宣教载体，强化信息公开，引领公众参与，构建并完善出一套新型环境共同治理体系，于无声处将生态文明理念入心入脑，引导全社会共建美好生活环境。

（一）新媒体平台搭建群众连心桥

市、区、县环保亮剑台、美丽环温行、市委书记市长说环保……这些来自"温州环保"政务微信推送的信息，如今已成为浙江温州市民近距离了解并参与环保工作的主要媒介。背后"推手"是温州市环保局宣教中心的几位年轻人，他们以"温小保"的形象展现在市民面前，用时尚轻松的语言传递着有关创模进展、生态建设、污染防治、环境执法等诸多环保信息。"'温小保'微信品牌，是我们打造环保朋友圈，推进环境信息公开、治水治气等重点工作，进行先进环保工作经验交流等重要的宣传手段，同时也是畅通公众参与渠道，更好推动环境共治的有效做法。"温州市环保局有关领导说。

据介绍，"温小保"开发了与其他App有别的空气质量查询、污染举报功能等实用功能。比如，通过公众号的环境污染举报功能，广大民众可以通过直接拍照上传、定位发送地址，第一时间将举报内容传到执法人员手中，有效畅通了公众参与环境决策、环境监督以及维护环境

[①] 意识引领行动　共建方能共享[N].中国环境报，2018-01-02（5）.

权益的渠道，推动了环境共治。

据了解，2018年以来，"温州环保"政务微信编发推送360多期图文信息，阅读总数近40万人次，平均每期阅读数超1100人次，粉丝数超10万，被人民网等评为"十大绿色环保主题微信公众号"。在"温小保"的品牌辐射下，浙江各地市也积极加强新媒体建设，推进政务信息公开与民间互动。衢州市柯城区开通"柯城环保""柯城河长办""四边三化美柯城"等微信号，实时更新生态环保工作动态，利用"柯城发布""无线衢州"等上级新媒体和多个QQ群、微信群、钉钉群，扩大环保工作的知晓度和影响力。嘉兴市以"嘉兴环境保护"政务微博和"嘉兴环保"政务微信为核心，建立全市环保系统政务"双微"矩阵平台，形成资源共享、抱团宣传的新媒体运维格局。

（二）引领民间力量深入参与环保实践

手持河道地图，寻找废水排放口，取水样、测指标，对河道流域进行环保监测……这是"绿色浙江"环保组织秘书长忻皓和伙伴们的日常工作。作为浙江首家民间环保组织，17年来，"绿色浙江"通过发起"寻找可游泳的河"，"横渡钱塘江，畅游母亲河"，电视问政"问水面对面"等行动，有效推动了全省公众参与水源地保护、水污染监督和环保政策的落地。

这正是近年来浙江省环保社会组织发展的一个缩影。作为公众参与环保的重要方式，近年来，浙江依托新近成立的浙江省环保联合会，积极培育扶持环保社会组织和志愿者队伍，形成具有浙江特色的公众参与环保治理经验，在宣传教育、环境监督、环境决策等方面起到了积极作用。

在台州玉环市，早在2014年，市环保局就指导热心环保的公众成立了玉环市环保志愿者协会，旨在创新公众参与平台，推动公众主动参与环保行动。

"公众参与是环保的软手段，但仅靠舆论宣传，公众被动式参与，缺乏积极性和目标性。"玉环市环保局的有关领导说。在环保志愿者协会这个平台的基础上，玉环市开展了一系列环保志愿活动。以协会成立之初就发起的"聚'酵'众人力量，同'皂'绿色家园"活动为例，志愿者们定期去居民家里或商家开展厨房废油和垃圾回收，将垃圾做成酵素，将废油送去发电或做成肥皂。截至目前，活动已开展102次，收集废油4吨多。

在浙江嘉兴，嘉兴市环保联合会的存在，使得公众不仅可以担当环保部门的助手，还可以作为监督环保工作的"鹰眼"，这大大激发了公众参与环保的热情。一遇到与环保相关的问题，除了政府部门之外，许多市民会第一时间想到寻求环保联合会的帮助：新引进的工业项目是否符合环保标准，市民反映的环境问题根源在哪里……自2010年成立以来，嘉兴市环保联合会以市民环保检查团为基础，形成了"大环保""圆桌会""陪审员""道歉书""点单式""联动化"六大公众监督的"嘉兴经验"。同时，市民环保检查团内还设立了"环保特约监察员"和"环保特约监督员"，分别对各级环保部门开展监察活动，对排污企业开展监督活动，实现从政府主导型向组织自主型转变。

如今，这一模式被浙江省各地"批量复制"，越来越多的公众参与到环境执法、环境管理协商等行动之中。

（有删改）

三、生态文明教育欠缺

生态文明教育是推进生态文明建设，促进生态文明文化建立的重要途径。生态文明建设需要合格的社会建设主体的积极参与，而合格的建设主体需要接受良好的教育。

新时代中国生态文明建设要以生态教育宣传为依托，大力宣传生态文化思想。然而生态教育欠缺体现在生态教育功能的缺位，直接导致宣传力度不够，人们的生态文化思想意识淡薄。生态文明教育主要是以培养公众生态意识为发展方向，不断加强和培养公众生态、环保意识，提升公众对生态文明建设的认知水平。生态教育欠缺致使无法通过培养公众生态意识而营造全社会热爱、保护生态环境的良好氛围。可见生态文明教育宣传的作用不容小觑。生态教育是奠定良好的群众基础，使生态观念深入民心的重要保证。生态学马克思主义的基本主张是：把资本主义制度及其生产方式看做是当代生态危机的根源，揭示了资本主义制度下技术非理性运用的必然性，强调解决当代生态危机的途径在于实现社会制度和道德价值观的双重变革，实现生态社会主义社会。[①] 现阶段，中国社会主义生态文明教育缺位不仅无法扩大受教育人群数量、改善公众生态意识、树立科学的生态价值观，而且对公众参与生态文明建设的行动无法产生直接影响。生态文明教育成功与否的标准就是公众在参与生态文明建设的实践活动中生态理念能否被释放和生态价值观能否发挥有效引导作用。

---

① 王雨辰.论西方生态学马克思主义的定义域与问题域［J］.江汉论坛，2007（7）.

结语

生态文明建设不仅关系到国家和民族的发展大计,而且和我们每个人的生活都息息相关,密不可分。生态文明教育包括了生态思维方式、生态意识、生态道德、全新科技观、保护生态的能力、生态生活和行为方式等。[①]在回答"如何又好、又快地建设新时代生态文明社会,实现'美丽中国'美好愿望"问题的同时需要对参与生态文明建设的社会力量进行生态文明教育,增强公众的生态意识,树立科学的生态价值观,保障社会主义生态文明建设顺利进行。

第二节 经济因素

在过去社会主义现代化建设和探索阶段,社会经济增长以粗放式为主,产业结构不合理,过分强调经济指标等,这种社会经济发展模式给自然生态造成压力,甚至超出自然环境承载能力。所以,单纯的经济因素不但没能促进社会主义生态环境保护和生态文明建设,反而成为生态文明建设的制约因素。

一、经济优先发展倾向过强

建设生态友好型社会就是在协调人类和自然生态之间物质交换的基础上促进社会全面发展。过分追求经济效益,强调经济发展,就会影

---

① 杨东.生态教育的必要性及目标与途径[J].中国教育学刊,1992(4).

响社会的整体运行和转型，还会对人类社会生产与自然生态之间的物质转换，人们的生产方式、生活方式和消费方式产生影响。社会主义生态经济建设的核心内容即是人类与自然生态关系的构建，实现人类同自然生态顺利、对等、和谐地进行物质交换。社会主义生态经济建设是人类社会摆脱生态危机的有效途径。

一些经济学家曾观察到，经济优先发展是以牺牲自然环境资源为代价的，并且不利于社会整体的长远规划与发展。由于特殊的历史条件，对于我国的经济社会发展而言，因为政绩考核与其他相关利益的牵制，GDP仅仅成为衡量区域与国家经济发展的技术性指标，对经济发展倾向性过强，从而忽视经济发展中造成的环境污染成本问题。例如，2004年，全国环境退化成本（即因环境污染造成的经济损失）为5118亿元，占GDP的3.05%。其中，水污染的环境成本为2862.8亿元，占总成本的55.9%；大气污染的环境成本为2198.0亿元，占总成本的42.9%；污染事故造成的直接经济损失57.4亿元，占总成本的1.1%。[①]另外，在2010年，生态环境退化成本达到了15389.5亿元，占当年GDP的3.5%。其中，环境退化成本11032.8亿元，比上年增加1322.6亿元，增长了13.7%；生态破坏损失（森林、湿地、草地和矿产开发）4417亿元。[②]通过对2004年和2010年两组国家统计数据对比、分析，不难看出社会主义生态文明建设的必要性和紧迫性。在我们强调经济社会发展的同时，牺牲的环境成本也在不断攀升。

过去相当长的一段历史时期内，由于生产力和社会客观条件限制，我国一些地方和地区过分强调经济发展，并以GDP论"英雄"。这种单纯的优先发展经济的倾向如果得不到转变和改善，仅仅用经济发展的

---

① 国家环境保护总局，国家统计局.中国绿色国民经济核算研究报告2004：公众版[M]. 北京：中国环境科学出版社，2004.
② 环境保护部环境规划院.中国经济核算研究报告2010—2013.

标准来衡量社会进步与否只会加剧自然生态环境与人类社会的矛盾。在社会发展过程中，过分强调经济增长和优先发展经济的倾向，会对国家及地方的经济增长方式、结构和布局产生不同程度的影响，同时也会给自然生态环境造成压力。鉴于经济优先发展倾向过强而造成生态危机的历史经验和教训，建设新时代中国特色社会主义生态文明，应该发展绿色循环经济、探索符合新时期社会发展新道路。中国社会主义生态文明建设的目的就是要实现人类社会和自然生态和谐统一，缓解人与自然的矛盾，建立资源节约型和环境友好型社会。

二、经济增长方式粗放为主

目前我国仍然处在社会主义初级阶段，科学技术水平与西方发达国家相比还存在一定差距，经济增长方式仍以粗放式为主。粗放型经济相对于集约型经济而言，主要是指科学技术水平相对落后，靠增加生产资料的投放量来实现生产规模的扩大和经济效益的增加。粗放的经济增长方式是一种比较原始和传统的经济增长方式，很大程度上是以牺牲生态环境和自然资源为代价换取经济增长。粗放的经济增长方式与社会主义生态文明建设、循环经济、高新技术产业背道而驰。在社会生产过程中，低效率、高投入、高耗能、高排放的传统生产方式不仅对自然生态环境造成危害，对自然资源造成极大浪费，而且还是社会主义生态文明建设的障碍和瓶颈。

由于粗放式经济增长方式很大程度上是以牺牲自然生态资源为代价，社会工业化进程加快的同时，生态系统也在持续恶化。植被遭到破坏，森林覆盖率降低，据林业部门统计，新中国成立初期我国林地曾达1.25亿公顷，森林覆盖率为13%，目前估计覆盖率只有11.5%，不及世界平均覆盖率的一半。[①] 粗放的经济发展方式诱使人们对水资源浪费和

---

① 庞素艳，于彩莲，解磊.环境保护与可持续发展［M］.北京：科学出版社，2015.

对森林植被滥采乱伐，致使水土流失等自然灾害时有发生。截至2013年，全国水土流失面积达到295万千米^2，占国土陆地面积的30.7%。另外，由于对土地资源过度使用、开发以及人口膨胀等造成的土地荒漠化也在加剧，土地荒漠化很大程度是人为因素导致的生态失衡的结果。

用牺牲自然生态环境实现经济增长，对于一个国家来说，并不是长久之计。习近平总书记指出："坚决摒弃损害甚至破坏生态环境的发展模式，坚决摒弃以牺牲生态环境换取一时一地经济增长的做法。"①生态文明建设是转变经济增长方式的风向标和着力点；建设社会主义生态文明，转变经济增长方式，就是要求在经济增速的同时还要提高经济质量。摒弃落后产能，转变增长方式就是通过对科学技术和高新产业的投入，提高社会生产力水平，减少自然资源和人力资源的消耗而获得更多的经济效益，切实做到经济效益和环境治理水平同步提高。

三、结构矛盾造就环境压力

自然生态界为人类的生存和发展提供了原材料和必要的物质资料，人类生产活动是通过实践活动作用于自然生态从而满足人类自身的需要。人类通过实践活动直接或者间接作用于自然生态，与自然生态进行物质转换的方式是相互的，具有辩证属性。根据马克思和恩格斯的观点，唯物辩证法在生态问题的相关论述中阐释了人与自然的相互辩证统一关系。

山东：新旧动能转换重大工程实施规划②

山东以废塑料行业开启新旧动能转换这一办法来缓解结构矛盾下的环境压力。

---

① 习近平谈治国理政（第二卷）[M]．北京：外文出版社，2017.
② 废塑料行业开启新旧动能转换[N]．中国环境报，2018-01-30（7）.

高值化发展是趋势

山东鼓励重点企业先行先试建设回收利用体系。在公众视野中，废塑料回收利用常常被等同为收破烂，给人"散乱污"的不佳印象。随着"禁废令"等政策的颁布，国外固体塑料垃圾已不能成为我国废塑料行业的原材料来源，需要重新加速寻找本土原材料来源，废塑料行业面临前所未有的变革和调整，自建回收体系弥补国内原料短板。

2018年新年伊始，龙福环能科技股份有限公司（以下简称龙福环能）的员工格外振奋。原来，企业上报的一份《关于建设全省废塑料回收利用体系打造新旧动能转换发展模式的报告》（以下简称《报告》）得到了山东省政府主要领导的批示，提出对龙福环能等企业自建废塑料回收体系要做好规范引导和政策扶持。

很快，山东省经信委、发改委、财政厅、环保厅等9部门联合出台了《关于支持重点企业先行先试建设废塑料回收利用体系的意见》（以下简称《意见》），确定了龙福环能作为山东省再生资源（废旧塑料）回收利用体系建设示范基地开展试点。《意见》提出，鼓励支持该企业先行先试，因地制宜，形成可复制可推广可借鉴的经验，促进再生资源产业向集聚化、专业化方向发展，为全省其他企业做好再生资源回收利用发挥示范带动作用。

据了解，2017年年底前，按照国务院发布的《禁止洋垃圾入境推进固体废物进口管理制度改革实施方案》要求，废塑料、未经分拣的废纸以及纺织废料等禁止进口。一直以来，山东省一些企业对进口固体废物开展资源化、高值化利用，已形成较大产业规模，国家相关政策的调整，对这类企业影响很大。

"过去企业的原料70%依靠进口，今年开工以来，除了少量库存为进口来源以外，原料都来自国内，价格上也较去年每吨涨了1000多元。"龙福环能总经理助理王耀村告诉记者，目前，国内的再生资源回收体系建设还不完善，废塑料回收率低、资源浪费严重。因此，自建回收体系也是企业长足发展的战略选择。

散乱污向高值化发展

根据龙福环能在《报告》中提出的回收利用体系建设实施方案，企业将依托现有的鲁北（滨州）20万吨废塑料高值化利用基地，再建设鲁东（青岛即墨）20万吨废塑料高值化利用基地，并分别在鲁中、鲁东南、鲁西南各建设10万吨综合性废塑料分拣配送中心，配套建设智能仓储物流体系，辐射全省17个地市，各地市因地制宜，合作设立分拣打包站。

预计到2020年底，回收利用体系将全部建成运营。届时，将形成年回收高值化利用废塑料70万吨产能，实现产值近60亿元，利税6亿元。

根据《意见》，为增强示范效应，高质量、高标准建设废塑料回收利用体系，省经信委、省商务厅、省质监局三部门将牵头，出台山东省废塑料回收利用地方标准或团体标准，尽快把全省再生资源回收利用体系建设与产业发展纳入标准化管理轨道。与此同时，将对散乱污回收加工小企业和经营户进行常态化集中治理，鼓励引导龙福环能等一批龙头企业对具有回收条件的进行兼并重组，规范再生资源行业有序发展。

（有删改）

结语

马克思恩格斯曾指出，要合理地调节人和自然之间的物质变换，必须靠消耗最小的力量，在最无愧于和最适合于他们的人类本性的条件下来进行这种物质变换。只有社会经济发展与生态环境保护相适应，二者建立相协调的物质变化关系，社会经济才能为社会生态文明建设提供充裕的物质保障。

第三节 制度因素

生态文明是人类文明发展的必然趋势。生态文明包括"生态意识文明""生态行为文明""生态产业文明""生态制度文明"四个方面。① 生态文明四个方面共同构成生态文明建设的主要内容，其中，"生态制度文明"是生态文明建设的重要保障，为生态文明建设顺利进行提供有力支撑。

一、环境立法不完善

就目前中国社会主义生态文明建设的相关工作和进度来说，生态环境保护立法体系和相关法律内容已经无法满足新时代中国特色社会主义生态文明建设的迫切需要。环境立法不完善主要表现为，在建设生态文明的社会实践中遇到的一些现实问题无法在现有的法律体系中寻找到有效解决途径和理论依据。生态文明建设法律滞后性具体体现在两个方面：

第一，立法不完善，一些生态环境保护领域无法可依。虽然现行的

---

① 姬振海.大力推进生态文明建设［J］.环境保护，2007（11）.

《环境保护法》在立法体系上包括污染防治与资源保护两大内容，但是由于种种原因，这部由国家环保机构负责起草修订的环保基本法却基本上是一部污染防治法，并没有规定生态资源的合理利用、保护以及生态安全维护的基本原则、基本制度和监督管理机制，因此无法适应生态资源综合性、整体性保护的要求。①

第二，法律法规具体内容不明确。在现行的相关法律当中，法律内容不具体，缺少针对性，弱化了法律的强制性。企业的生产以追求高额利润为主要目的，如果没有具体的环境保护法律和条例约束其排污行为，企业的生产者会消极地应对法律指导性意见。由于环境保护法单行法律法规内容不明确，缺少针对性，在对具体的生态环境污染行为进行处罚时，却找不到与此相符合的法律依据和规定，这就增加了执法难度，甚至没有办法对这些违法行为做出相应的制裁。

二、行政执法难度大

生态文明制度建设和立法体系还处在不断完善过程中，所以，具有强制性和指导性的政策、法规不能面面俱到地解决现实生态环境治理问题，不同的政府职能部门对行政执法又进行不同程度的干预，这些因素都增加了行政执法的难度。

目前，环保执法呈现无法可依，有法不依，执法不严，违法不究，选择性执法的现象。②生态保护执法是指国家行政机关公职人员依法行使管理职权、履行职责、实施生态保护法律的活动。环保行政法牵涉到社会、公众、政府部门等相关单位和个人的切实利益，环保执法之所以出现这种非正常现象，主要是由以下原因造成的：

---

① 胡伟，程亚萍.建设环境友好型社会应关注的三大法律问题[J].科学·经济·社会，2007（1）.
② 汪劲.统一监管：环保部门难以承受之重[J].环境保护，2009（16）.

地方政府权责不清晰，保护主义盛行。在生态文明建设中，生态的保护与环境的治理是一个系统工程，牵涉不同类别、层级、地区和部门政府的职责，交织着中央政府与地方政府间、地方政府上下级间、横向地方政府间、部门政府间的多重利益博弈关系。……就此而言，环境治理问题实际是一个府际管理问题。[①]由于地方保护主义盛行，各级政府权力过大，为了一方经济利益会给执法部门处处设置障碍，阻碍执法部门依法进行有效执法。地方政府在生态环境整治过程中，由于各级政府相互之间缺乏协调，权责不分，造成了各级行政机关执行法律、履行职责的积极性不高。各级行政机关很难根据法定权限、法定程序和法治精神执法即依法行政，做到公平、公正、合理、适度地执法。

中国生态文明建设步入新阶段，随着社会主义生态文明建设工作日益多元化、现代化，政府应该不断认识到加强社会组织和公众主体参与生态环境治理和监管工作的重要性、必要性。同时，政府也要不断完善立法体系，真正做到执法部门"有法可依，执法必严"。

三、管理机制存问题

新时代社会主义生态文明建设能否顺利进行的重要决定因素就是生态环境管理机制是否健全，能否服务于生态文明建设。我们面临的许多环境与发展问题根源于这种部门间职责的分隔。可持续发展要求人们克服这种分隔。[②]在社会主义生态文明建设过程中，健全的生态环境管理机制包括强力有效的监管机制、广泛的参与机制和问责机制等。

---

① 杨爱平.构建生态文明建设中的府际管理机制[N].中国社会科学报,2013-05-17(A05).
② 世界环境与发展委员会.我们共同的未来[M].王之佳,等译.长春：吉林人民出版社,1997.

云南：生态治理示范省[①]
——云南省生态环境建设规划的研究报告

针对管理机制出现的问题，云南出台了固强补软的10项工作重点，倡导持续改善环境质量，着力保护自然生态，取得了喜人的成效。

云南省全省森林覆盖率提高到59.7%，环境空气质量平均优良率98.2%，九大高原湖泊水质稳定趋好，六大水系主要出境、跨界河流断面水质达标100%……这是云南省省长在2018年召开的云南省第十三届人民代表大会第一次会议上所作政府工作报告中的一组数据。

2017年，云南省环境保护工作紧紧围绕争当全国生态文明建设排头兵，以改善环境质量为核心，全面构建环境质量目标、环境法规制度、环境风险防控、自然生态保护、环境综合治理、环境监管执法、环境保护责任、能力建设保障"八大体系"，经过全省上下共同努力，年度任务全面完成，生态环境质量持续改善。

当前，因受多种条件制约，经济欠发达的云南省发展不平衡不充分、发展质量不高的问题更为突出。在生态环境敏感脆弱、九大高原湖泊保护治理形势依然严峻的情况下，全省环境保护工作面临诸多问题与挑战，任重道远。

云南省环保厅厅长在2018年云南省环境保护工作会议上指出，按照环境保护部和云南省委、省政府部署，2018年全省环保工作要在总结去年工作成绩、找准短板的基础上，着力抓好筑牢生态思想、深化体制改革、落实环保责任、改善环境质量、保护自然生态、强化环境监管、优化行政审批、开展交流合作、营造环保氛围、加强队伍建设10项重点工作。

[①] 云南固强补弱抓实十项重点工作[N].中国环境报，2018-03-06（6）。

尤其要群策群力、砥砺奋进，以改善环境质量为核心，以保护生态为重点，坚决打好污染防治攻坚战，确保生态环境质量走在全国前列。

实施三大行动，改善环境质量

改善生态环境质量是全省环保工作的核心，一定要加强统筹协调，齐心协力推进各领域的污染防治工作。在确保污染减排任务完成、全力推进全国污染源普查、推动农村环境综合整治示范引领、强化污染治理项目管理和资金保障、强化科学技术支撑的同时，重点实施好碧水青山、净土安居、蓝天保卫3个专项行动。

在工业园区水污染集中治理上，联合工信部门建立"旬调度、月通报、强督查"的工作制度，实施"一园一策、分类施策"。在城市黑臭水体整治上，配合住建部门定期开展黑臭水体专项督查检查，力争2018年底前全省11条黑臭水体整治全部完工，让黑臭水体整治初见成效。实施净土安居专项行动，要分解落实《土壤污染防治目标责任书》，完善工作协调机制，强化工作调度和督促考核。深入推进土壤污染状况详查，承担详查任务的州（市）环境监测站在2018年8月底前完成土壤样品检测数据上报。实施蓝天保卫专项行动，要制定实施下一阶段大气污染防治行动计划，深入推进产业布局、能源消费和交通运输结构调整，压减煤炭消费量，减轻机动车污染，控制建筑扬尘，积极主动应对重污染天气，确保全省环境空气质量总体继续保持优良，16个州（市）政府所在地城市空气质量优良天数比率达到97.2%以上。尚未建设排污监控平台的5个州（市）争取2018年完成。

抓重点盯问题，保护自然生态

云南生态优势明显，但生态环境脆弱而敏感。必须抓住6个重点，紧盯存在问题，切实加大生态保护力度。

一是规划生态空间，强化环境管理基础。二是推动生态保护红线落地。三是加强自然保护区建设管理。四是加强生物多样性保护。五是推进生态环境大数据建设。六是努力推动流域生态补偿。

（有删改）

结语

习近平总书记指出："只有实行最严格的制度、最严密的法治，才能为生态文明建设提供可靠保障。"法律具有强制性和约束力，才能为大力推进生态文明建设提供保障，为社会主义现代化事业顺利地开展保驾护航。立法体系是否完善是法律社会功效能否正常发挥的前提和依据。

第四节　人口因素

在社会主义生态文明建设过程中，人口因素是一个不能被忽视的重要因素，人口因素涉及面比较广，尤其是人口在数量和分布方面的变动，都会对生态环境产生一定的影响。

一、人口膨胀增加环境压力

我国是人口大国，在人口数量上具有人口基数大、增长速度快、人口分布不均匀等基本特点。中华人民共和国成立后，发生在1953—1957年和1962—1973年的两次生育高潮，使全国总人口从1949年的5.42亿增加到1973年的8.92亿。1984年全国人口总数已经超过10亿，比1949年增加了4.93亿。国家统计局公布的第六次全国人口普查数据显示，2010年全国总人数13.4亿（不含港澳台）。[①] 中国人口数量基数大，增长速度快，在一定程度上增加了生态环境的压力。

首先，人口数量膨胀，人口数量和自然资源的比例失衡。人类作为自然生态资源的消费者，在社会发展稳定在一定发展水平的情况下，社会成员个体数量的增加必然导致全社会排入自然环境的污染物总量的增长和对自然生态资源需求量的增长，进而增加环境污染和生态危机

---

① 庞素艳，于彩莲，解磊. 环境保护与可持续发展[M]. 北京：科学出版社，2015.

的可能性。

其次,人口城镇化加快,农村人口比例大。2010年第六次全国人口普查数据显示,我国城镇人口占总人口的49.68%,乡村人口为6.7亿,占全国总人口的50.32%,同2000年人口普查数据相比,城镇人口比例上升了13.46个百分点。[1]广大农村人口受教育程度偏低,环境保护意识不强,在日常的行为活动中,一些人无法自觉约束自身活动,加剧对生态环境的破坏。人口增长带来的问题还有很多,对水资源方面的影响很大,生活中的用水量提升很多,且浪费量相当大,生活用水污染和短缺都成为生态环境极为突出的问题;工业用水量也随之增加,致使污染相当严重。

最后,由于生态环境难以修复,人口数量膨胀和分布不均会造成不同地区的生态环境资源的利用和污染都相对集中,这样一来,使一些生态环境脆弱地区超出自身环境的承受能力,造成区域性污染和生态危机。

综上所述,在生态文明建设和生态环境保护过程中,人口因素需要得到社会的重视和关注。处理好人和自然的关系是生态文明建设的关键,因为人类通过自身的生活和生产活动,会直接或者间接作用于自然生态环境。

二、人均资源拥有量相对不足

我们创造了过去无法比拟的生产力,也正在创造着新的生活方式和消费模式。问题是,我们的发展在很大程度上还依赖于大量消耗资源,尤其是对不可再生资源的过量消耗;而且随意浪费、挥霍资源的行为仍然大量存在。[2]人口的快速膨胀对自然资源造成压力,因为社会生产和扩大再生产活动导致资源总量不断下降,资源匮乏逐渐显现,致使人均资源占有量相对不足。

---

[1] 国务院人口普查办公室.中国2010年人口普查资料.北京:中国统计出版社,2012.
[2] 洛涛.我国人均资源占有量低于世界的平均水平[N].经济参考报,2007-4-24(08).

人均资源占有量不足主要体现在以下几个具体方面：

第一，人口数量大，使土地资源人均占有量不足。大量人口涌入城市，城市的规模需要不断扩大以满足正在增加的人口数量的需要，因而城市周边区域大量土地资源就要被占用。

第二，人口不断膨胀，造成水资源紧缺。我国人均水资源紧缺，人均占有量不足，主要原因是人们的社会生活和生产活动对水资源的浪费和污染。尤其是工业废弃物对地表水资源的污染，以及农业、生活用水引致的对地下水资源的乱采等。

人们自身生产实践活动对自然生态环境产生影响，实现自然的人化。人们对自然资源和环境的利用和损害看似是对自身利益的维护，而实际上也是对自身利益的危害。当今的生态环境危机暴露了人们思维方式的局限性。人们需要重新审视和对待人与自然之间的关系，尤其是要改变最大限度占用和谋取眼前自然资源的功利型思维，为了人类长远的发展，人们要尊重客观规律，保护环境，合理利用自然资源。

从土地、水、矿产等自然资源的人均占有量不断下降中不难看出，自然生态资源短缺，人均资源占有量不足是我们必须面对的问题；建设生态文明，发展循环经济，走可持续发展道路是缓解人与自然之间紧张关系的有效途径。建设社会主义生态文明，发展循环经济的重要性不言而喻。

三、资源空间与人口分布错位

由于我国地域辽阔，地理环境和资源分布具有自身的特点，资源空间和人口分布错位呈现出相对丰富和贫乏现象。资源空间与人口的不均匀分布增加了人与自然之间的矛盾，对生态环境产生了一定压力。从地域上讲，中国自然资源分布不均衡。我国的水资源分布就是呈东部地区比西部地区多、南部地区比北部地区多的态势。冰川、江河发源地大多分布在西部地区，中部和东部地区多平原，是江河的流经地区；西北地区水资源分布少,但是矿产资源丰富。我国南部地区大小河流、湖泊分布比较密集,而北部地区多为中国粮食产区,水资源分布少,但需求量大。

　　资源空间和人口分布错位,也成为社会主义生态文明建设的制约因素。首先,自然生态资源的运输和流动,会消耗大量的人力、物力,影响生态平衡。我国人口主要分布在中部与东部平原地带,而我国的资源主要分布在西部和北部,自然资源是人们生产和生活的原材料与必需品,人口聚居地和自然资源空间错位也是当今我国生态文明建设中面临的一大重要问题。其次,资源空间和人口分布错位,引起工业的布局不均衡,增加生产要素的投入和流动人口数量。中国的工业主要集中分布在东南沿海、长江三角洲、珠江三角洲和京津唐地区。然而,中国经济社会发展以劳动密集型产业为主,工业体系的建立和发展需要大量来自中西部欠发达地区的人力资源,需要大量自然资源作为加工和生产的原材料。人口高度集中也会增加资源的消耗量,那么就会增加异地资源运输成本和资源价格。所以,资源空间与人口分布错位影响也是我们在生态文明建设中需要直面和解决的问题。

结语

　　人口数量不断增加和膨胀会对环境产生压力,引起人均资源拥有量相对不足,因为自然生态资源不完全是可再生资源,无法满足人们不断增加的需求量。人口在空间的不同分布,还会造成资源和人口密度严重错位,加剧人口与资源之间的矛盾。

第五节　国际因素

生态环境问题已经对人类社会发展构成威胁，生态危机开始在世界范围内蔓延。应时代变化和发展的要求，党和国家提出了建设社会主义生态文明"美丽中国"的可持续发展目标。在建设"美丽中国"，推动世界生态环境治理的发展进程中，我们在如何对国际生态问题的历史根源进行梳理和研究，如何建立完善的国际生态环境合作机制和如何正确应对全球科技化等生态建设相关方面还存在拓展研究的空间。

一、国际生态问题存在的历史根源

从历史的发展角度看，国际生态问题是有历史根源的，当今社会的各种生态环境问题与资本主义在全球范围内扩张，以及发达国家工业化超负荷在世界范围内攫取所需资源有着必然联系。

第一，资本主义制度发展加剧了生态环境压力。获取剩余价值，追求利润是资本主义社会生产的根本目的，社会化大生产同资本主义私有制之间的社会矛盾也是造成人与自然之间矛盾的根本原因。

第二，资本主义社会发展，使自然环境恶化。资本主义的工业发展带来了严重的环境污染。这是由于工业的运行不仅需要各种能源和动力，而且还产生了自然系统无法迅速消化的工业垃圾、生活垃圾。恩格斯曾经对这种现象形象地描写道：蒸汽机的第一需要和大工业中差不多一切生产部门的主要需要，就是比较纯洁的水。但是工厂城市把一切水都变成臭气熏天的污水。工业化的迅速发展使得城市化进程加快，大量人口集中，社会生产能力提高，但是，迅速崛起的城市化以盲目的经济发展为目标,受当时历史条件的限制,社会缺少相应的污染物处理的配套措施,大量的工业废弃物和生活垃圾造成了城市环境问题。

工业文明在给人类创造出巨大的辉煌物质财富的同时,也给人类带来了空前的困难和挑战,使人类与自然的矛盾和冲突进一步加剧,人类陷入到了前所未有的资源紧张、环境恶化和生态危机之中。[①]解决好生态危机以及生态环境所出现的各种问题,就要结合世界各国发展历程,总结经验教训。只有把生态环境问题追溯到社会发展历史的根源当中,才能从本质上正确认识生态危机形成的原因,才能采取相应的策略从根源上解决生态环境问题,协调人与自然的关系。

二、全球科技化对生态的影响

胡锦涛强调,世界科技正处于新一轮革命的前夜,经济、社会发展的强大需求拉动,知识和技术体系的内生驱动,科技和经济社会、文化、教育的深度融合,共同推动科技呈现出多点突破、交叉汇聚的生动景象。科学技术渗透到生产各个要素,极大地提高了生产力发展水平,成为社会整体前进的动力。习近平总书记曾说:科技创新已经成为提高综合国力的关键支撑。科学技术对于世界上任何一个国家来讲,都是改变国家命运、创造幸福生活和开创美好未来所依靠的强大力量。科技的创新已经成为当今社会生产方式和生活方式变革进步的强大引领,成为提高综合国力的关键,谁把握住科技的创新,谁就能走好科技创新之路,占领先机、赢得优势。

纵观科学技术的发展,近代科学技术随着第二次工业革命的到来,发展速度更加迅猛,生产力水平快速提高,科学技术逐渐成为人们实

---

① 刘湘溶,罗常军.努力走向社会主义生态文明新时代[N].光明日报,2012-12-01.

现自身利益的工具,并且影响和改变着人与自然的关系。科学技术的日益发展,使人们的生活愈加方便,而人类也在不断探索不断研究新的技术更好地为自己服务。用来直接作用于环境的并不是人类自己,而是逐渐发展起来的技术。①

经济全球化和科学技术全球化的当今世界,科学技术在社会各方面的运用让过去自然生态单向的能量供给,慢慢发生了逆向变化,并作用于人类社会,给人类和自然生态都带来了不同程度的破坏和伤害。因此,在全世界科学技术蓬勃发展的今天,人与自然的关系并不是像以前一样和谐了,随着生产力的发展和社会的进步,人们的需求越来越多,人与自然的关系越来越像主仆之间的控制与被控制了。科学技术的飞速发展,加快了现代化进程,使我们的生活发生了很大的变化,但是,科学技术的滥用也给人类社会带来了很多负面效应。

三、国际生态合作机制不健全

中国虽然是一个发展中国家,但是中国是一个负责任的大国,在国际事务中扮演着越来越重要的角色,由原来国际组织参与者转变为肩负更多责任的倡导者和引导者。社会主义生态文明建设是解决生态环境问题的有效途径,然而生态环境具有全球性的特点,生态环境问题的全球

---

① 晏辉. 现代性语境下的价值与价值观 [M]. 北京:北京师范大学出版社,2009.

性要求国际合作。生态环境问题的全球性是国际合作的现实基础，国际生态环境合作是解决全球性生态问题的必要手段。

促进生态环境保护国际化的必要前提是建立完善的国际合作机制，并通过有效途径与其他国家在环境信息、生态技术等方面保持交流与合作。但是，国际生态合作机制不健全成为国际范围内开展生态环境保护合作的最大障碍。

发达国家在国际生态环境合作中不作为。面对全球生态环境危机，发达国家与发展中国家都应当采取措施，积极努力，共同促进生态文明建设国际合作良好有序进行。但是，一些西方发达国家经常寻找理由拒绝参加有关国际生态环境合作，甚至是公然拒绝承担全球生态环境治理的相应责任。发达国家在全球环境治理方面的不作为主要表现在与本国利益冲突时退出相关国际生态环境合作，以及国际公约履行程度低两方面。

因此，协调好国内经济发展状况与国际生态环境责任之间的关系，是建立和完善国际生态环境合作机制亟待解决的一个问题。积极提高和完善生态环境保护国际化合作水平和机制，努力改善国际生态环境需要全世界各个国家共同努力。

结语

人类走向社会主义生态文明是人对人类文明的发展规律的自觉认识和把握，是人类文明演化逻辑的必然要求。从人类文明的发展形态来讲，人类文明的发展不是由个人意志决定的，它有着自身的发展规律，它不仅是现实化的历史运动，同时也具有最广泛的社会共识。

第三章

"美丽中国"时不我待

第一节 经济层面

在国际金融危机和全球气候变化的双重挑战下,世界经济已经步入一个前所未有的重大转型阶段,无论是全球范围还是局部区域,无论是发达国家还是发展中国家,其经济转型都带有鲜明的绿色、低碳特质。因此,中国实现绿色经济转型刻不容缓,要通过生态文明建设促使资源、人口、生态、环境、社会与经济协调发展,实现区域经济的绿色发展、可持续发展。

一、当前进入贯彻落实生态文明建设大力推进绿色循环低碳发展新阶段

党的十八大将生态文明建设纳入中国特色社会主义事业"五位一体"的总体布局,要求着力推进绿色发展、循环发展、低碳发展。十八届三中全会明确提出加快建立系统、完善的生态文明制度体系,十八届四中全会强调用严格的法律制度保护生态环境。《中华人民共和国国民经济和社会发展第十三个五年规划纲要》将"绿色"列入五大发展理念,要求形成人与自然和谐发展现代化建设新格局,推进美丽中国建设,为全球生态安全做出新贡献。

步入新世纪以来,特别是党的十八大以来,我国在辩证地继承中华传统文化精髓、扬弃地借鉴世界各民族先进经验的基础上,将生态文明建设作为破解资源环境问题的总抓手,着力构建系统且完善的生态文明制度体系,着力推进绿色发展、循环发展、低碳发展。"绿色经济"是全球化背景下各国经济转型的共同趋势,而我国推进的绿色发展、循环

发展、低碳发展，尽管也是深受国际社会的影响，但在具体实践过程中，仍然坚定地走出了一条具有中国特色的发展道路——在"五位一体"的总体框架下提出推进绿色发展、循环发展、低碳发展，这样的"发

展"是全方位的发展，其中包含了经济、政治、社会、文化等方面，不断丰富着"绿色"的内涵、外延乃至国家未来发展的合力走向。

改革开放以来，我国经济保持40余年的平稳快速增长，经济建设取得了举世瞩目的成就，跃居为世界第二大经济体。无论是国家综合国力还是人民生活水平，无论是社会发展程度还是居民收入水平，都迈上了一个新台阶。我国的面貌发生了新的历史性变化，但取得这些举世瞩目成就的同时，我们也付出了巨大的资源环境代价。近年来，尽管我国围绕生态文明建设付出了大量努力，做了大量工作，取得了一定成效，但尚未解决的资源环境问题、尚未得到有效控制的生态破坏因素、尚未良性转化的人与自然矛盾对我国经济社会发展的制约效应仍处于较高水平，一些地区甚至在一定程度上超过了其区域资源环境承载能力，成为制约经济社会持续健康发展的瓶颈问题。在这样一个喜忧参半的现实背景下，结合当前我国国情和发展阶段，谋划好绿色发展、循环发展、低碳发展，是我国经济社会发展全局中的关键战略问题，具有重要的现实意义。

二、循环经济是生态文明建设的依托

美国经济学家波尔丁在20世纪60年代提出了"宇宙飞船"理论，他认为地球就像宇宙飞船，是一个与世隔绝以致孤立无援的独立系统，人类会因地球资源耗尽而灭亡。[①]在人类社会的实践中，为解决工业文明因大量生产、大量消费、大量废弃而导致的资源短缺、环境污染问题，科学家提出了"循环经济"的构思。循环经济要求将传统经济"资源→产品→废物"物质线性流动转变为"资源→产品→再生资源"反馈式流程，通过"低开采、高利用、低排放"以提高对地球资源的循环利用率。面对经济发展中的高消耗与高污染等资源环境问题，中国必须大力发展循环经济，走节约型生态工业化发展道路以实现经济发展模式的全面转变。

首先，随着中国经济规模的不断扩大，土地资源日益短缺、水资源分布极不均匀并日益匮乏、矿产资源储量保障率不断降低且消耗严重、生物多样性锐减等资源供需矛盾不断尖锐，生态环境压力将不断加重，建设节约型社会、发展循环经济已成为我国未来发展的必然选择。

其次，改革开放以来，伴随着我国经济高速发展而来的是对生态环境的高污染与强破坏、对自然资源的高消耗与高浪费，显然这样的经济增长方式是难以为继的。转变经济发展方式、发展循环经济，是中国的战略抉择。

再次，循环经济的技术体系可使所有的物质、能量在周而复始的经济循环各环节中得到科学合理的持续利用，使人类经济活动对自然的消耗率与影响率降到最低，即对自然的索取量控制在自然环境的生产能力范围之内、对自然的排放量也控制在自然环境的消化能力范围之内，从而彻底解决中国人口、资源与自然之间的矛盾。

---

① 刘宗超，贾卫列，等. 生态文明理念与模式 [M]. 北京：化学工业出版社，2015.

最后，发展循环经济是中国走新型工业化道路的现实路径。循环经济"减量化、再利用、再循环"通过提高资源利用率、减少生产消耗，从源头上增加了经济效益、社会效益和环境效益，其对于科技创新的强大需求与新兴导向，必将带来新的科技革命，并推动旧式产业结构优化升级，推动全社会探索生态文明建设新模式。

推进循环发展是促进我国经济社会健康、持续发展最重要的手段之一，而且从长远来看，其实质是将自然界的物质循环流动的客观规律引入人类经济社会系统，这是人与自然复合生态系统具有有限资源供给能力的必然要求。国家应继续将循环发展作为经济转型社会升级的重要抓手、推进国家治理能力现代化的重要领域、实现绿色发展的必由之路。

三、生态文明建设与产业结构逐渐优化

随着社会生产力的不断提高，人类社会先后历经了原始文明、农业文明、工业文明，而在农业文明和工业文明的形成过程中，都会伴随着产业的分工与演进，进而推动着社会形态的更迭，并形成一种新的更高层次的人类文明。1972年《人类环境宣言》的发布，标志着人类社会进入了更高层次的文明——生态文明，它是对工业文明及其生产方式中面临的人与自然、人与社会之间的矛盾的深刻反思，中国的生态文明建设正是在这样一种反思中形成的。

厦门：一座绿色交通示范城市[①]
——来自厦门市建设绿色和谐交通的最新报告

福建省厦门市是一座高素质的创新创业之城和一座高颜值的生态花

---

① 厦门，一座绿色交通示范城市[N].中国环境报，2018-03-09（4）。

园之城，也是人与自然和谐共生的环境友好型城市。改革开放以来，厦门市秉承科学发展理念，高瞻远瞩、锐意创新，实现了从早期的追求经济快速增长，转变为生态、民生、经济共生互促的可持续发展，将生态环境作为厦门城市管理的生命线，全力打造"生态厦门"。

交通运输行业是城市经济发展的先行官，也是生态立市的重要基础领域。长期以来，厦门市始终以"大交通、大绿色"为发展导向，把绿色交通作为一项与城市可持续发展、民众美好生活紧密相关的系统性民生工程来推进，通过基础设施生态品质建设，绿色出行模式引领，智慧交通创新发展，绿色交通制度深化，真正实现"生态和谐、普惠民生、智慧引领、管理多元"的城市绿色交通发展模式，形成公众高度满意、社会广泛认可、全国典型示范、国际良好展示的绿色发展新格局。

经过多年努力，厦门市绿色发展成效显著，获评"国家森林城市"，实现全国文明城市荣誉称号"五连冠"，成为福建省首个、全国副省级城市第二个通过验收的国家级生态市，2016年厦门市获得了全国首批优秀"绿色交通城市"称号。

大力提升基础设施生态品质，全面实现交通与自然生态和谐发展的厦门岛，是一座面积只有158千米^{2}的岛屿，却居住着200多万人口。城市人口密集且持续增长，还有旅游城市、海西中心城市、国际性综合交通枢纽带来的光环，给厦门带来6770万人次的年旅客接待量，9601万人次的海陆空年旅客周转量，及快速增长的车辆、网购快递配送，使

厦门道路交通运行、交通环境、交通安全、能源消耗等方面,面临着极大挑战。

如果能够提高交通通行能力,将使城市交通、居民通行、空气污染等情况大幅改善,于是一系列提升基础设施生态品质的措施接踵而至。

——建设一批高品质的生态绿色公路,助推公路建设与旅游资源融合

厦门市环岛路是中国第一条依海而建的道路,全程31千米,路宽44~60米,绿化带宽80~100米,其美化率、绿化率与干净度位居全国海滨城市之首。近年来,厦门市开展了环岛路岸线整治、沙滩修复及景观工程,采用可再生能源支持系统,营造了一个绿色、生态、节能的旅游休闲环境,是厦门的一道风景线。

厦门文曾路是福建省第一条生态示范路,是厦门首条跨越万石山国家级风景名胜区的交通动脉及生态旅游观光路。厦门市运用先进的边坡生态恢复技术,采用全灌木的生态防护手段,使得文曾路与周边自然景观浑然一体。2014年,厦门市启动环山风景道建设,主线全程140千

米。道路作为串联岛外四区的生态绿道，体现出与自然相结合的生态特色。厦门市2015年、2016年的城市建成区绿地率分别为37.16%、39.03%，稳步增长，高于2016年全国绿地率。

——推进绿色隧道建设，提升城市交通运行效率

中国第一条海底隧道——厦门翔安海底隧道于2010年4月建成通车。翔安隧道全长8.695千米，兼具公路和城市道路双重功能，使厦门出入岛形成了从海上到海底的全天候立体交通格局，比原来整整节省了82分钟以上的车程，极大地减少了车辆绕行带来的污染。莲岳隧道积极实施废气净化处理工程，采用"射流风机＋静电除尘"净化方案，在隧道通风系统中添加净化设备，减少路面污染。

——开展绿色港航建设，推动港城互动，共建美丽厦门

厦门港作为厦门市沿海主要港口和集装箱干线港，一直致力于绿色生态型的发展之路。2017年，厦门市辖区港口的169台集装箱轮胎式龙门起重机（RTG）全部完成"油改电"技术升级，据测算，升级后的港区吊装单箱能耗下降57%以上，年减少燃油消耗约6939吨，减少CO_2排放21930吨。建成全国第一个全自动化集装箱码头——远海自动化集装箱码头。远海码头、海润码头等多个码头完成船舶靠港使用岸电建设应用工作。据测算，改用岸电后，仅嘉庚号船舶一年可减少燃油消耗逾300吨，减排$CO_2$951吨、硫化物和氮氧化物逾5吨。未来3年，厦门港将实现邮轮及集装箱码头岸电应用全覆盖。装箱卡车"油改气"岛内港区已全部完成改造，岛外港区已完成72%的高污染车辆国V标准改造。

——打造全国首条高架且全程专用的快速公交线路（简称BRT）

厦门BRT已经成为全国典范，被誉为"全球最优秀的高架快速公交系统"。厦门的BRT拥有3个中国第一：第一个多种形式组合的BRT，第一个架设高架桥的BRT，第一个一次成网的BRT。截至2018年，6条BRT线路总营运里程168千米，投入车辆超过250台，日均

客运量约 34 万人次，以约 5% 的公交车辆数承担了全市公交客运总量的 13%，极大缓解了高峰拥堵，满足了市民出行需求。

（有删改）

结语

当前生态经济建设已经成为政府宏观经济政策的抓手之一，要坚持以市场主体、企业主体的生态实践为主导来构建生态经济模式，"利用全面深化改革和供给侧改革的历史性契机，加快生态经济产业的发展，促使绿色消费成为新时尚"。可以说，生态经济建设已经成为我国实现绿色发展最有效的路径之一。

第二节 文化层面

生态文明强调人与自然、人与社会的协调发展，中国自古就有"天人合一"的"和谐生态"思想，这是现代生态文明思想得以在中国实现经济社会环境协调发展的重要理论依据。

一、国家与人民生态意识不断加强

生态意识是人类从人与生态环境整体优化的角度来认识、思考、把握社会存在与社会发展的基本观念，是人类尊重自然、保护自然的伦理意识，是人与自然共存共生共荣的价值意识。同时，生态意识也是衡量一个国家或民族文明程度的重要标志之一。

就客观而言，尽管目前我国的生态文明发展程度尚不如发达国家，但国家和人民群众的生态意识已显著提高，这主要表现在以下几个方面：一是公民生态价值意识走出旧时误区。越来越多的人民群众放弃了固守多年的"人类中心主义"生态价值观，正确认识到人与自然之间共融共生的辩证关系，不断强化对自然生态的敬畏之心和价值理性。二是公民生态责任意识不断强化。党的十八大以来，党和国家先后出台多项指向明确、行之有效的针对性政策措施，对公民的生态责任提出了明确要求和必要调控机制，将保护生态环境与广大人民群众的切身利益紧密联结，推动人民群众实现由被动保护向自觉主动保护的质的跨越。三是生态道德意识显著提升。在生态环境保护的社会实践中，大部分公民能够将生态伦理道德内化为自我规范意识，并在潜移默化中广泛传播。四是生态审美意识不断提高，对生态环境的美好欣赏和美好情感不断提升，对污染环境、破坏生态的行为深恶痛绝。五是生态科学意识不断提高。我国的生态教育已广泛展开，范围囊括政府、机关、企事业单位、学校、乡镇、街道社区等，使越来越多的人民群众对生态环境相关的科学认知不断提高。六是生态消费意识不断增强。广大人民群众能够正确认识到生态环境的生产能力、消化能力与承受能力，摒弃以往及时行乐、索取无度、以自我为中心的消费观念，转为理性消费、绿色消费、可持续消费。

二、生态文化不断繁荣

所谓生态文化，包含广义与狭义两种认识方式，就狭义而言，生态文化是以生态价值观为指导的人类思想精神、社会意识形态与社会制度体系，如生态政治学、生态哲学、生态伦理学、生态经济学、生态法学、生态文艺学、生态美学等，以及人民民主的社会制度；就广义而言，生态文化是人类一种新的生存方式，是人与自然和谐相处、和谐发展的生

活与生产方式。①

生态文化之"新",主要表现为从人统治自然的文化过渡到人与自然和谐的文化。这是人的价值观念根本的转变,它实现由人类中心主义的价值取向过渡到人与自然和谐发展的价值取向。生态文化之理念层面,主要是要超越个人主义、消费主义、物质主义和人类中心主义等;生态文化之制度层面,主要是限制市场的作用;生态文化之技术层面,主要是实现由"征服技术"到"调适技术"的转向。②

党的十八大以来,生态文化已逐步成为当下我国的新兴文化形态,随着其不断繁荣发展,也必将成为新时代中国特色社会主义先进文化建设的基本方向和目标。当前,在构建中国特色社会主义生态文化的过程中,党和人民不断积极吸收我国传统优秀文化中关于"天人合一""大乐与天地同和""天人合德"等生态思想之精华,从而为中国特色社会

---

① 王春益.生态文明与美丽中国梦[M].北京:社会科学文献出版社,2014.
② 卢风.论生态文化与生态价值观[J].清华大学学报(哲学社会科学版),2008(1).

主义生态文化的构建提供丰富的精神资源。同时，党和政府还十分注意各民族传统生态文化的保护、修复、创新与发展，以最大限度地激发出中华民族对实现全球化进程中可持续发展和生态文明和谐的无可取代的重要推动作用。从中国特色社会主义生态文化的内部结构看，我国生态文化的不断繁荣主要可概括为以下三个方面：首先，生态文化的制度层面上，通过不断改革和完善社会制度与规范，实施公正平等的原则制度化、生态环境保护制度化，使社会具有自觉保护全体人民利益，保护自然环境利益的有效机制；其次，生态文化的精神层面上，确立所有生命均有价值的生态观点，摒弃传统文化"反自然"性质，抛弃人类统治自然、操控自然的人类中心主义思想，有效营造尊重自然、爱护自然的文化氛围，依照"人与自然和谐共存"的价值观实现精神领域的一系列转变；最后，生态文化的物质层面上，摒弃掠夺自然的生产方式与生活方式，认识并学习自然界的智慧，创新科学技术与能源形势，采用生态技术与生态工艺以从事绿色、低碳、循环生产，实现社会价值与自然价值的"双赢"。

三、生态伦理道德大力弘扬

要建设社会主义生态文明，不仅要依靠政治、经济、法律和科技手段进行严格调控，还必须诉诸生态伦理道德与信念的指引。所谓生态伦理道德，是指人类在处理人与自然二者关系上所应遵循的思想原则、行为准则和道德规范。生态伦理道德是建设社会主义生态文明不可或缺的重要内容。以建构和弘扬生态伦理道德为基础，使生态观念与实践深入现代化建设各方面和全过程，是生态文明建设的题中应有之义。

第一，弘扬生态伦理道德，要以尊重自然为基本原则。尊重自然的前提条件是认可自然，认可人与自然平等的地位，既不对自然顶礼膜拜，也不将自然视作征服对象；而是要还自然以原本面目，尊重并维护自然的完整性与稳定性，保持自然生态系统之平衡状态，关注并保护生物多样性。

第二，弘扬生态伦理道德，要以顺应自然为基本手段。现代系统科学和环境科学都集中显示，人类是自然生态系统中的一个重要组成部分，其命运发展与自然生态系统中的其他生命体都紧密连接、休戚相关。因此，人类在实现自我的过程中，首先要认识自然与自我的关系，顺应二者发展规律并有效把握，可以说，顺应自然及其规律是人类实现自我的基本手段之一。

第三，弘扬生态伦理道德，要以保护自然为基本目的。人类与自然界之间是相互影响、相互作用、共生共存共赢和互馈的关系。自然界是人类社会存在和发展的基础和载体，人类的衣食住行用等无不直接或间接地来自自然。珍爱、尊重、顺应、呵护自然，实质上就是善待人类自身。政府和企业要切实担负起保护环境、治理污染的责任，并切实采取措施防治污染；每个公民都要培养和塑造爱护环境的道德风尚，养成珍爱环境的生活方式和生活习惯，要做到躬行节约节俭，杜绝铺张浪费。自然资源的有限性要求人类必须有节制地利用资源，做到资源的代际公平配置与公平利用。

四、网络带来的信息范型转变与全球生态文明制度建设逐渐健全

互联网的诞生与发展，不断带动着人类政治、经济、文化、军事、社会等领域中一次又一次的革命，推动着人类历史步入信息时代，整个世界也在真正意义上成为"地球村"。作为当今时代最重要的哲学命题与政治命题之一的生态文明，需要集全人类智慧来解疑释惑，而正确认识互联网生态与生态文明二者之间的关系，则是推进新时代中国特色社会主义生态文明建设的必要之举。另外，鉴于整个世界是一个相互联系、

辩证统一的命运共同体，全球生态文明建设则更要注重冲破国家、地区、集团的划分与界限，建立起一个广泛联系、有机统一、荣辱与共的全球化生态资源管理体系。

《复仇者联盟3》的生态保护情怀[①]

美国大片《复仇者联盟3》这部电影背后折射出的环保主题，值得全世界人们深思。

以往漫威电影的结尾，总会配上激昂振奋的主题曲。而这一次《复仇者联盟3》（以下简称《复联3》）的片尾音乐却哀婉、低沉，引人深思。毕竟故事到了最后，宇宙一半生命灰飞烟灭，虐心指数满格。然而，姑娘们明明是奔着钢铁侠、美国队长去的，很多漫威迷也还没来得及哀悼超级英雄的逝去，就猝不及防地反被大反派灭霸圈了粉儿。为什么？是因为他有理想有追求视死如归是条汉子，还是因为他响指打得特别帅？

谜底揭晓——这个反派不太冷，具有宇宙生态情怀

灭霸与漫威中的传统反派不一样，他所使用的手段固然血腥、暴力，但不是纯粹的邪恶，不以毁灭为乐趣，更不为满足一己私欲。他甚至在影片里说，为了实现理想不惜失去曾经拥有的一切。那他图啥呢？《复联3》导演罗素兄弟在接受《印度时报》（The Times of India）采访时，主动揭露了灭霸的动机，原来他所做的一切都是为了环保。灭霸是泰坦星领袖之子。曾经的泰坦星是一个富饶的星球，可因为人口过剩，导致资源枯竭，环境遭到破坏，大量生命食不果腹，整个星球濒临崩溃。当时，灭霸就提出过消灭一半生命来延续种族，毫无疑问遭到了大多数族人的反对，并被放逐。最后，泰坦星变成了一片荒芜之地。经历了这场

---

① 托灭霸的福，《复仇者联盟3》是部环保大片？[N]. 中国环境报, 2018-05-23（4）.

变故，灭霸更加坚定了自己的想法。他开始在一些星球实施自己的计划：杀光一半人口，拯救另一半人口，达到生态平衡。其中，就包括他的养女卡魔拉的母星。在灭霸杀死一半人口之后，这个星球很快就焕发出生机，资源环境得到修复，人民的生活富足起来。

越来越多的所谓成功经验，让灭霸的行为趋于疯狂。后来，他决定集齐6颗无限宝石，用"打响指"这种简单的方式，让宇宙中的一半生命随机消失。

尘埃落定之后，灭霸捂着受伤的胸口，走出一间茅草屋，独自坐在台阶上，望着美丽的夕阳笑了。这一刻，他圈粉无数。这一刻，也成为大量网友抨击漫威"三观"不正的缘由，明明是个恶贯满盈的大坏蛋却被塑造成了悲情英雄。

为何灭霸能激起观众的同情？绝对不是他的清洗计划，而是因为戳中了资源短缺、环境污染的痛点。这样一个大反派，虽然做法令人发指，但对宇宙生态担忧的这份情怀令人动容。

现实基础——灭霸理论并非原创，若有雷同不是巧合

灭霸并不是第一个关注人口过剩和资源环境问题的人。

比如文学作品中，丹·布朗2013年的小说《地狱》里面的反派也有着几乎和灭霸一样的想法。为了防止资源枯竭那一天的到来，反派试图在水里投入病毒，阻断人类世界三分之一人口的生育能力。

这些反派的思维模式很可能受到了英国人口学家、政治经济学家托马斯·马尔萨斯的人口理论的影响。根

据对18世纪英国人口日益增长状况的观察，马尔萨斯在《人口论》中指出：人口按几何级数增长，而生活资源只能按算术级数增长，所以不可避免地要导致饥馑、战争和疾病，呼吁采取果断措施，降低人口出生率。

马尔萨斯的人口理论对后人产生了重要影响。1972年，麻省理工学院4位年轻科学家撰写了《增长的极限》一书，提出了震惊世界的结论：人类生态足迹的影响因子已然过大，生态系统反馈循环已经滞后，其自我修复能力已受到严重破坏，若继续维持现有的资源消耗速度和人口增长率，人类经济与人口的增长只需百年或更短时间就将达到极限。

以上的理论也间接说明了，无论是在科幻还是现实世界，灭霸对于人与自然资源、生态环境关系的思考还是经得起推敲的，他之所以被称为漫威史上最大反派，关键还是在于他制定的随机清除计划太过于反人类或者说是反物种。

改造灭霸——做一个好人并不难，关键是要用对方法

毫无疑问，灭霸的计划丧尽天良、惨绝人寰，应该被全宇宙唾弃，而且这个计划也漏洞百出。举一个极端的例子，如果随机清除的都是女性生物，那么整个宇宙可能就直接game over了。又或者，随机清除的都是环境友好型物种，剩下的全是些"买两碗豆浆，喝一碗倒一碗"的货，资源环境危机还是会很快到来。

其实，既然你灭霸想要全宇宙生态平衡的目的如此崇高，为何非要用残忍的手段去实现？大可以与复仇者联盟联手，比如组成宣讲团，让钢铁侠、美国队长、雷神等男神级人物去各个星球传播生态环保理念，影响力一定惊人。又或者组织考察团，让一些生产方式粗放的落后星球首脑，到生态环境好、科技高度发达的星球学习——黑豹所在的国家瓦坎达就是个好典型。还可以组织督查团，让绿巨人、黑寡妇、鹰眼、幻视、蜘蛛侠等武力值较高的超级英雄任组长，这样遇到放外星狗咬人或是遭到暴力阻抗的时候，还能起到震慑作用。

当然，如果灭霸就想做点惩戒人的事情，那可以承担起问责的重任。哪个星球没有推动绿色发展，就天天在有关负责人耳边打响指，吓破他的胆。

（有删改）

结语

中国生态文化既是中华传统文化的历史积淀，又是社会文明进步的客观反映；既有对历史文化的传承，又有适应时代的创新；既是人类认识自然的智慧结晶，又是对现实生活的美好追求。中国生态文化是中国先进文化发展方向的代表之一，将成为世界社会文化的主流文化。

第三节　社会层面

培育良好的生态社会氛围，就是要形成以生态文化意识为主导的社会风气和社会潮流；优化生活环境，就是要推进生态化城市、生态化社区与街道、生态化村镇建设实践；实现人口资源良性循环发展，就是要继续贯彻优生优育的人口生育方针，科学化人口数量，优化人口素质，培育并提升阶段性人力资源优势；实现生态化消费模式，就是要培养适度消费、理性消费、绿色消费的良好生活习惯，不断推动人类社会的可持续发展。

一、生态文明建设与和谐社会不断推进

构建社会主义和谐社会，是党和国家立足我国社会主义初级阶段的发展现状与主要矛盾，从社会全面发展角度着眼而提出的重要战略任务，而大力推进生态文明建设则是党和国家立足人类文明发展角度提出的重要战略决策。构建社会主义和谐社会与大力推进生态文明建设这二者之间不仅密切联系，更是相互影响、相互制约、相互成就的辩证统一关系。科学理解并把握此二者之间复杂而深刻的关系，科学认识并分析此二者之间存在的问题与矛盾，科学且高效地寻求相应的解决途径，对于切实有效地保护生态环境，促进人与自然和谐共处，具有深远的理论与现实价值。

要从源头上遏制并扭转生态环境恶化的总体趋势，为广大人民群众创造良好、和谐、美丽的生产生活环境，进一步为全球生态安全贡献中国智慧，就要切实针对以下三个层面做出努力：

首先，在思想观念上，要坚持创新、协调、绿色、开放、共享的新发展理念。就现阶段而言，利益冲突是导致人与人、人与社会、人与自然无法和谐相处的最重要因素之一；而重视代内公平、兼顾代际公平、促进社会公平正义的可持续发展观是任何时期缓解并破解利益冲突的指导原则之一。

其次，在行为方式上，要注重资源节约和环境保护。资源与环境的公共性特质必然要求充分调动政府、企业、社会、公众等多方力量形成合力以推动生态文明建设，因此，政府要注重以体制机制改革来保障资源节约和环境保护；企业要注重以转变生产方式、优化产业结构来提高生产率、降低能耗；社会要注重以强化教育宣传力度来推动生态环境优化；公众则要注重增强生态意识、转变生活方式。

最后，在发展路径上，要注重选择经济与生态的和谐发展。要借助生产力的不断发展，进一步创新经济发展方式，从以往机械地以经济增

长为着眼点转向以经济、政治、文化、社会、生态的综合发展为目标；从以往只注重眼前利益、局部利益、个人利益的发展观转向更加注重长远利益、整体利益、大局利益的发展观。

二、中国社会主要矛盾开始发生转变

"中国特色社会主义进入新时代，我国社会主要矛盾已经转化为人民日益增长的美好生活需要和不平衡不充分的发展之间的矛盾。"党的十九大明确了我国社会主要矛盾的历史性变化，党章根据这一重大政治论断也作出了相应修改。

新时代我国社会主要矛盾已经发生转化的重大政治论断，让我们进一步深化对生态文明建设的认识。首先，人民日益增长的美好生活需要，内在地包含着对美好生态环境的迫切需要；其次，我国日益严峻的生态问题、资源问题、环境问题，究其根本还是国家社会发展的不平衡和不充分所致；再次，生态环境问题的彻底解决，还是要从根本上依靠社会各项事业之间的平衡发展和充分发展。党的十九大报告中，对与当代我国生态环境问题之现实状况、优势劣势、产生原因、解决路径等的科学判断和战略部署，是建设天蓝、地绿、水清的美丽中国的遵循原则和行动指南。深刻认识和把握我国社会主要矛盾的变化，对于我们把环境污染、生态破坏、资源紧缺、物种锐减等生态问题置于国家发展全局中统筹考虑、妥善解决，具有重大而深远的意义。

三、积极构建全民参与的环境保护社会行动体系

在全民参与环境保护社会行动体系中，所谓"全民"并不仅仅是指公民个体，更是全面囊括所有政府职能部门、企事业单位、社会组织、街道社区等机构和团体。社会行动体系是指对保护生态环境产生作用和影响的所有行为的总和，其中既包括由政府主导的自上而下的政策性实

践,也包括公民、社会团体或社会组织主动发起的自觉行动。因此,全民参与环境保护社会行动体系就是指所有公民——无论年龄、性别、职业、民族、地域等的差异——按照一定的指导原则、实践理念与活动机制,积极、主动、有序、理性地参与到生态环境保护的伟大事业之中,并以自身行动影响他人的环境保护模式。

大连:把"环保"入脑入心[①]

大连市针对构建全民参与环境保护举办了一系列社会活动。

首先谁来讲?社会各界广泛招募,专业培训

"开展环保大讲堂活动就是要将环保知识、环保理念、环保行动送进学校,送进社区,送进机关,送进企业,送进每一个家庭,引导公众知行合一,逐步形成绿色低碳、文明健康的生活习惯。"大连市环境宣传教育中心相关负责人介绍说。

活动组织部门充分发挥环保志愿服务团队优势,成立宣讲团,成员主要由具备环保专长的社会各界人士经培训选拔确定。目前,大讲堂已有骨干讲师10余名,包括机关企事业单位管理人员,环保专业人员,律师,合资企业、民营企业员工以及学生志愿者等。

随着宣讲场次的增多和内容的不断累加,

---

① 引导公众知行合一 传递绿色生活理念 [N]. 中国环境报, 2018-05-29 (5).

大讲堂活动的影响力也在不断扩大。为了满足宣讲需求,环保志愿者协会计划面向全市招募讲师,从报名者的服务时间、特长、相关经验、专研学习精神、语言表达能力等多方面进行考评,选拔优秀人员加入环保志愿宣讲团,壮大宣讲团的力量。

对谁讲?进学校、社区、机关、企业

环保大讲堂宣讲活动从启动之初,就将目标锁定全市所有学校、社区、机关、企业,希望将"简约适度、绿色低碳"的生活方式带给市民,号召市民积极参与生态环境保护,将对美好生态环境向往逐步转化成思想自觉和行动自觉,形成共同守护蓝天白云、绿水青山的良好局面。

据统计,今年以来,围绕垃圾分类、水资源保护等内容,宣讲团已在望海小学、董家沟小学、沙区中心小学、兴工街小学、大连自然博物馆、宏发社区等单位,开展了 23 场公益讲座,此外还进行了 4 次内部培训,培训人员 1.2 万余人。

"我以前都不知道垃圾该怎么分类,现在听了讲座,就清楚多了。以后,我会努力习惯这种生活方式,为环境保护尽一份力。"宏发社区王阿姨深有感触地告诉记者。

宣讲活动不仅受到社区居民欢迎,更是得到了学校老师和学生的喜爱。虎滩小学一位老师告诉记者:"环境教育就应该从娃娃抓起,环保大讲堂活动将环保知识送入校园,不仅可以提升孩子们的环境意识,更可以让环保的种子在孩子心中生根发芽。"

讲什么? 10 余种环保课程精彩纷呈

大连市是全国 46 个先行实施生活垃圾强制分类的试点城市之一。为配合做好这项工作,环保大讲堂宣讲团把宣讲垃圾分类知识列为一项重点内容,重新安排组织了垃圾分类环保主题宣讲教育队伍。

经过培训、试讲、选拔,10 多名骨干被确定为宣讲工作的讲解人,并且以"垃圾分类环保主题宣讲教育"为主,有针对性地在学校、社区、企业开展宣传。

在讲座设计中，不仅有PPT课件授课、视频播放、互动问答，还有现场垃圾实物分类操作指导和讲解点评，通过授课与动手操作互动讲解，提高宣讲效果。

在此之前，志愿者协会还考察了环嘉集团废纸、废钢铁、废塑料再生处理过程及工艺，增强了讲座的针对性。

为丰富讲座内容，环保大讲堂宣讲团还创新开发了10多种环保课程，包括水资源保护、海洋环境保护、战胜塑料垃圾、分类垃圾从我做起、生物保护（斑海豹、增殖放流、黑脸琵鹭）、环境风险与污染损害的预防、环保法律诉讼等。

怎样讲？可预约，可定制

为了构建起全方位、立体式、全覆盖宣讲格局，不断扩大环保宣讲的覆盖面和影响力，让环保理念、环境意识入脑入心，早在2018年年初，环保志愿者协会就制定了详尽的方案，设计了灵活多样的宣讲方式和丰富的宣讲内容，计划全年安排讲座100场，预计参与人员5万人。

据介绍，环保大讲堂宣讲团每一站活动结束后，都会在媒体上发布活动信息和图片，以便更多人获取。同时，还会发布宣讲活动预告，需要者可自行和志愿者协会联系，预约讲座的时间和内容。对有特殊需求的单位，宣讲团还可以根据不同需求，量身定制讲座的内容。

"希望通过宣讲，让环境意识内化为一种素质，外化为一种习惯，倡导全社会都能参与大连市环境保护和生态文明建设中，在全社会形成环境保护共建共享的良好局面。"大连市环保志愿者协会一名负责人介绍说。

（有删改）

结语

针对社会层面的生态文明建设理论与实践探索，是建设美丽中国的必要条件。要在推进新时代中国特色社会主义生态文明建设的过程中，通过不断强化社会公共事业的建设而促进人们生活方式的积极转变。

第四节 政治层面

政治层面的生态文明建设理论与实践探索，指的是"聚焦自然生态政治领域，坚持科学社会主义基本原则以及根据我国实际和时代特征赋予其中国特色的生态政治"。[1] 在中国特色社会主义生态政治建设中要强化政府的生态责任感，加强生态政治制度建设，加快生态政治建设的立法和执法进程，健全和完善环境监管制度和体制，加强环保的国际合作。这些实践路径是适应"中国的生态问题日益政治化"现状的必然选择。

一、生态文明与人的全面发展高度契合

人类发展是一个在特定时间与空间之中发生的，现实、具体、复杂、曲折的动态运动过程，正因为其具有具体性、历史性特征，所以在该运动过程中必然要受到诸多条件的制约与规定。自然生态环境是制约人类生存与发展的最根本因素，脱离自然而独立生存的人类是不存在的，因此，

---

[1] 黄爱宝.中国特色社会主义生态政治的基本蕴涵［J］.学海，2012（3）.

良好的自然环境为满足人类生存与发展的客观需要提供了充足的生产生活材料。

福建：国家生态文明试验区[①]
——来自福建省生态文明建设和生态文明体制改革的总体规划

党的十九大报告指出，建设美丽中国，为人民创造良好生产生活环境，为全球生态安全做出贡献，并强调："必须树立和践行绿水青山就是金山银山的理念。"近年来，福建省将"绿水青山就是金山银山"的理念作为指引建设美丽新福建的明灯，不忘初心，砥砺前行，在保持生态环境优良的同时，生态优势带来的溢出效应不断显现，持续转化为蓬勃向上、绵绵不绝的发展优势。2016年，福建省持续保持水、大气、生态全优，生态环境质量继续保持全国领先；生产总值首次进入全国前十、人均全国第七，比2012年增加1万亿元以上，"百姓富"与"生态美"同频共振。

我们是被这里的好生态吸引来的

"我们是被这里的好生态吸引过来的。"投资25亿元的省重点项目——坤孚镁合金深加工项目落户龙岩武平县岩前工业园区内，对于这个长三角企业会到边陲之地武平县投资的原因，总经理史亮如此解释。

地处闽粤赣边的欠发达县武平，围绕"生态立县"的发展战略，持续推进生猪养殖业污染综合整治，交出污水治理的达标答卷。"以前，走近溪流都得捂着鼻子，现在水清了，还能看到鱼了。"武平县内流域水环境得到全面改善，全县17个乡镇有15个乡镇达到三类水标准。绿水青山，就是发展的靠山。2016年，武平县首次跻身"福建县域经济

[①] 福建："百姓富"与"生态美"同频共振 [N].中国环境报，2017-12-18（4）.

发展十佳县",走出了一条山区贫困县依托科技创新实现县域产业转型升级的创新发展之路。

绿色发展是理念,更是实践。福建省率先实行生态环保"党政同责""一岗双责",让考核指挥棒"绿"起来,全省一盘棋布局绿色发展。出台重点产业布局指导意见和深化山海协作8条意见,严把产业政策关、资源消耗关、环境保护关,做到资源集约利用、污染集中治理。同时,围绕供给侧结构性改革,聚焦绿色动能,通过绿色治理倒逼转型,让产业结构更优。如今,以"新技术、新产业、新业态、新模式"为代表的新动能正不断增加,以高耗能行业为代表的低端供给进一步减少,工业发展顺利实现了新旧动能的换道转挡。

作为老工业基地,三明市抓住区域发展的"牛鼻子",反复深入论证,绘好青山变金山的"施工图"。规划起总面积3157千米^{2}的海西三明生态工贸区。其中,中节能(三明)环保产业园,成为福建省首个节能环保产业运营平台。

南平市实践绿色创新发展,围绕生态资源优势发展现代绿色农业、旅游、健康养生、生物制品、数字信息、先进制造、文化创意等七大特色产业,努力探索绿水青山到金山银山的有效转换路径。

漳州市探索"生态+"发展模式,将生态与城市建设、产业发展、旅

游项目、防灾减灾、民生工程、历史文化等有机融合，不断拓展生态效益。

青山变金山，幸福生活节节高

如何让绿水青山守护者获利？在打响畜禽养殖污染攻坚战后，引导养殖户转岗就业，让他们走上绿色致富之路，成为摆在南平市面前的一道考题。"针对村民认为绿色发展就是种种菜、养养鸡鸭等传统观念，镇里帮助他们转变观念、打开思路，将绿色发展涵盖到现代农业、新能源产业、绿色城市等方面，把绿水青山转化成金山银山。"南平炉下镇党委书记说，"市里出台9条措施，开展就业培训指导，帮扶退养户转产转业。"目前，仅炉下镇1400多家养殖户就有680多户已经成功转型，"绿色"成了许多村民赖以转型的最大财富。

完善林权改革成果，漫山开出绿色银行，"不砍树也能致富"的福建经验得到全国点赞。在全国率先开展重点生态区位商品林赎买等改革试点，完成试点面积约17.6万亩（1亩≈666.67米^2），据初步测算，福建省林农从中直接受益超过3亿元。以林农为主体的福建省农民人均可支配收入从2012年的1万元提高到2016年的1.5万元，年均增长10.9%。

"让绿水青山的守护者有更多获得感，让百姓生活更美好，就是我们的奋斗目标。"相关负责人表示。据介绍，福建省还建立森林、流域、重点生态功能区等生态补偿机制，并形成长效的补偿资金投入制度，2016年投入补偿资金近35亿元，大多补偿到欠发达地区和生态保护地区。

生态为先，发展有底气；借力绿色，发展增活力。实践证明，将绿色发展理念作为思近谋远的"导航仪"，福建省绿色转型越来越快，绿色效应越来越大，发展之路越走越宽。

（有删改）

二、建立体现生态文明要求的领导干部考评体系

能够充分展现促进生态文明建设各项要求，及时反馈生态文明建设

进度的领导干部针对性考核评价体系，在我国生态文明建设的重大进程中发挥着"指挥棒"的重要作用，它同时也是解决诸多事关国计民生的生态问题的"硬杠杆"。党的十八大以来，党和国家在原有政治体制改革的基础上更加重视建立健全我国领导干部生态建设考核体制机制，大力出台一系列关系生态文明建设考核的相关政策。

事实上，伴随中国特色社会主义伟大实践的不断推进，我国领导干部生态建设考核体制机制始终在不断修改并完善。从 2005 年国务院办公厅印发《省级政府耕地保护责任目标考核办法》到 2012 年出台《关于实行最严格水资源管理制度的意见》；从 2007 年出台《"十一五"节能减排综合性工作方案》特别提出"节能减排的问责制和'一票否决'制"到 2010 年出台《全国主体功能区规划》中特别强调"主体功能区的差别化绩效考核"；从 2011 年国务院办公厅印发《关于加强环境保护重点工作的意见》中特别提出"地方各级人民政府生态绩效考核"与"实行环境保护一票否决制"，到党的十八大和十八届三中全会要求"建立体现生态文明要求的目标体系、考核办法、奖惩机制"，十八届四中全会的《中共中央关于全面推进依法治国若干重大问题的决定》中用严格的法律制度保护生态环境等系列考核要求与措施的出台，再到党的十九大后国务院根据新时代的具体国情再次修订印发《省级政府耕地保护责任目标考核办法》，这一条条要求、一项项规定都彰显了党和政府严抓生态文明建设绝不松懈的壮志与决心，也为不断建立、健全我国领导干部综合绩效考核机制体系指明了前进的方向。

三、生态文明制度体系建设迅速

党的十八届三中全会通过的《中共中央关于全面深化改革若干重大问题的决定》首次确立了生态文明制度体系，从源头、发展、结果的全过程，按照"源头严防、过程严管、后果严惩"的思路，阐述了生态文明制度体系的内部构成、改革方向、重点任务、检验途径。到2020年，构筑起由八项制度组成的产权清晰、多元参与、激励约束并重、系统完整的生态文明制度体系，实现生态文明建设领域的国家治理体系和治理能力现代化，努力走向社会主义生态文明新时代。

党的十八大以来的五年，是我国生态文明体制改革密度最高、推进最快、力度最强、成效最显著的不平凡的五年。中央全面深化改革领导小组召开了38次会议，其中涉及生态文明建设及其体制改革的会议有20次。党中央、国务院制定了《生态文明体制改革总体方案》，其中确定的2015至2017年79项改革任务中，已经有73项顺利完成。目前，合理有效的生态文明制度体系正在加紧形成，自然资源资产产权制度改革也在积极推进，国土空间开发保护制度日益完善，空间规划体系改革试点已经全面启动，资源总量管理和全面节约制度不断强化，资源有偿使用和生态补偿制度持续推进，环境治理体系改革力度不断加大，环境治理和生态保护市场体系加快构建，生态文明绩效评价考核和责任追究制度基本建立。

结语

可以说，自工业文明崛起以来，人类社会的政治变动对生态环境的不断恶化是负有不可推卸的重大责任的。正因如此，党的十八大将生态文明建设纳入党章并做出科学阐述，将党和国家的生态文明主张、人民的生态文明意愿以最高权威的形式予以肯定，对于我国大力推进生态文明建设具有根本性、关键性意义。

第五节　国际层面

经济全球化进程使世界范围内的生态问题和生态趋向更加凸显，构建生态文明的历史难题则更应被严肃思考。在西方发达国家主导全球化进而垄断了全球话语权、广大发展中国家处于失语困境的背景下，党的十八大将生态文明建设纳入国家现代化建设"五位一体"的总体布局，可见，掌握生态话语权无疑成为中国话语体系建设的题中应有之义。

一、人类命运共同体下的生态共同体意识

党的十八大报告首次提出，人类只有一个地球，各国共处一个世界，要倡导"人类命运共同体"意识。此后，"人类命运共同体"成为一个重要的理论论述，其核心主张是：构建人类命运共同体，实现共赢共享，建设一个持久和平、普遍安全、共同繁荣、开放包容、绿色低碳的世界。其中，应对日益严峻的全球性生态环境问题，是核心内容之一。

全人类的共同需求与共同利益，是建立在维护人类赖以生存的自然生态系统及生态功能的完好性与永续性之上的。因此，生态共同体意识只有在"人类命运共同体"的广阔格局下才能真正领悟其本质与价值，即人类社会发展必须以保障全球自然生态系统的可持续性为根本前提。

习近平总书记在联合国日内瓦总部所作题为《共同构建人类命运共同体》的演讲中提出，"坚持绿色低碳，建设一个清洁美丽的世界。人与自然共生共存，伤害自然最终将伤及人类。空气、水、土壤、蓝天等自然资源用之不觉、失之难续。工业化创造了前所未有的物质财富，也产生了难以弥补的生态创伤"，"我们应该遵循天人合一、道法自然的理念，寻求永续发展之路……倡导绿色、低碳、循环、可持续的生产生活方式，平衡推进2030年可持续发展议程，不断开拓生产发展、生活富裕、生态良好的文明发展道路"。由此力证，中国是致力于以构建"人类命运共同体"谋求全人类共同实现自由全面发展、推进全世界实现可持续发展的负责任大国。"生态文明建设"是"可持续发展"的中国应用与中国表达，在人类命运共同体的主张之下，我国积极探索并推进生态文明建设相关领域的理念普及、制度建构、实践规范、成果检验等应对工业化对全球生态系统影响（特别是不良影响）的可行性路径。

二、建设美丽中国实现中华民族永续发展

党的十八大以来，以习近平同志为核心的党中央把推进生态文明建设纳入"五位一体"总体布局，围绕建设美丽中国、深化生态文明体制改革提出了一系列新理念新举措。仅五年多时间，一个水更清、山更绿、天更蓝，人与自然和谐共荣的美丽中国已经轮廓渐清地展现在人民群众眼前。

建设生态文明，就要自觉践行尊重自然、顺应自然、保护自然。必须把生态文明建设摆在现代化建设的突出位置，坚持节约资源和保护环境的基本国策，坚持节约优先、保护优先、自然恢复为主的方针，构建

人与自然和谐发展的现代化建设新格局。

建设生态文明,就要深刻认识"绿水青山就是金山银山"的发展理念。必须树立和贯彻新发展理念,处理好发展与保护的关系,推动形成绿色生产生活方式,坚定走生产发展、生活富裕、生态良好的文明发展道路,努力实现经济社会发展和生态环境保护协同共进。

建设生态文明,就要努力实现"良好生态环境是最普惠的民生福祉"。建设富强民主文明和谐美丽的社会主义现代化强国,就要坚持以人为本的发展观,增加优质生态产品供给,满足人民群众对良好生态环境的需求,提升人民群众获得感和幸福感。

建设生态文明,还要与世界各国携手建设清洁美丽世界。要坚持环境友好,和世界各国联手应对气候变化,共同保护好人类赖以生存的地球家园。在共同构建人类命运共同体的理念下,中国一定能为全球生态安全、为人类生态文明做出应有的贡献。

三、生态文明建设的顶层设计

环境保护部部长在中国环境与发展国际合作委员会2017年年会全体会议暨环境与发展高层论坛上作主旨演讲讲道:人因自然而生,人与自然是生命共同体。人类只有遵循自然规律才能有效防止在开发利用自然上走弯路,人类对大自然的伤害最终会伤及人类自身,这是无法抗拒的规律。

2015年4月,中共中央、国务院发布了《关于加快推进生态文明建设的意见》(简称《意见》)。作为我国第一个以中共中央、国务院名

义对生态文明建设进行专题部署的文件,在目标和任务层面成为当前和今后一个时期推动我国生态文明建设的纲领性文件,彰显了党和国家加强生态文明建设的坚定意志和向资源环境问题宣战的决心。《意见》坚持问题导向、系统设计、改革创新,明确了生态文明建设的总体要求、主要目标、重点任务和制度体系,对在实践层面加快推进生态文明建设提出了具体路径。其中,首次明确提出了新型工业化、信息化、城镇化、农业现代化和绿色化的"五化协同"。同时,围绕党的十八大关于"将生态文明建设融入经济、政治、文化、社会建设各方面和全过程"的要求,提出"五位一体";并从国土空间开发、提高发展质量、资源节约利用、生态环境保护、生态文明制度、统计监测执法、良好社会风尚、加强组织领导等8个方面布置了任务,为生态文明建设建立了行动指南,标志着我国生态文明建设的顶层设计已经明确。

　　党的十九大将坚持人与自然和谐共生作为新时代坚持和发展中国特色社会主义基本方略的重要内容,将污染防治作为到2020年决胜全面建成小康社会的三大攻坚战之一,将建设美丽中国作为全面建设社会主义现代化强国的重大目标,围绕生态文明建设和生态环境保护提出一系列新理念、新要求、新目标和新部署,集中体现了中国政府加快绿色发展、提升生态文明、建设美丽中国的坚定决心和坚强意志。我们要深入学习贯彻党的十九大精神,以习近平新时代中国特色社会主义思想为指导,始终坚持以人民为中心的发展思想,坚决扛起生态文明建设的政治责任，全方位、全地域、全过程开展生态环境保护建设，提升生态文明，建设美丽中国。这要求我们做到以下五点：一是推动形成绿色发展方式。二是增加优质生态产品供给。三是深化生态文明体制改革。四是开展全民绿色行动。五是积极参与全球环境治理。

结语

党的十九大报告明确提出，到本世纪中叶，我国将建设成为富强民主文明和谐美丽的社会主义现代化强国，生态文明将全面提升。这既是对建设美丽中国的具体要求，也是对我国达到高水平生态文明建设的更高期待，为我们建设生态文明指引了方向、明确了目标、提供了遵循、鼓足了动力。

第四章

"美丽中国"新要求

第一节　牢固树立生态红线

所谓生态红线，就是生态安全线，是为了保护生态功能而设立的具有法定约束效力的管制界限。2011年，《国务院关于加强环境保护重点工作的意见》（国发〔2011〕35号）明确提出，在重要生态功能区、陆地和海洋生态环境敏感区、脆弱区等区域划定生态红线；2013年5月24日，习近平总书记在中共中央政治局第六次集体学习时再次强调，要划定并严守生态红线，牢固树立生态红线的观念；党的十八届三中全会进一步把划定生态保护红线作为改革生态环境保护管理体制，推进生态文明制度建设最重要、最优先的任务。

江苏：生态保护红线区[①]

江苏省作为全国生态保护红线"一张图"中的一部分，力求从源头上扭转生态环境恶化的趋势，为人居环境安全提供有力的生态保障，为经济社会可持续发展提供必要的生态支撑，经国务院同意，于2018年6月26日，省政府对外公布《江苏省国家级生态保护红线规划》。此次共划定了480块生态保护红线区域，根据规划，全省陆域共划定8大类407块生态保护红线区域，总面积8474.27千米^2，占全省陆域国土面积的8.21%。全省海域共划定8大类73块生态保护红线区域，总面

---

① 江苏划定480块生态保护红线区 纳入全国红线一张图 _ 新浪江苏 _ 新浪网.2018-06-27. http://jiangsu.sina.com.cn/news/general/2018-06-27/detail-ihencxtu8703119.shtml

积9676.07千米^2（其中：禁止类红线区面积680.72千米^2，限制类红线区面积8995.35千米^2），占全省海域国土面积的27.83%。

这480块红线区域占江苏省13.14%的国土面积，保护了江苏60%以上的森林（林地）生态系统和50%以上的湿地生态系统，将长江、太湖、骆马湖、高邮湖、邵伯湖、淮北丘岗、江淮丘陵、宁镇山地、宜溧山地等具有重要水源涵养、水土保持、洪水调蓄功能的区域，以及苏北滨海湿地、洪泽湖湿地等具有重要生物多样性维护功能的区域都划入生态保护红线，形成了"一横两纵三区"的生态安全格局，将有效保护江苏的生物多样性、水土保持功能，切实保障全省乃至全国居民生活用水安全，促进经济社会可持续发展。

江苏根据国务院复函制定的国家级生态保护红线规划即是全国生态保护红线"一张图"的一部分，是贯彻节约优先、保护优先、自然恢复为主方针的具体化，可以妥善处理保护与发展的关系，从根本上预防和控制各种不合理的开发建设活动对生态功能的破坏，从源头上扭转生态环境恶化的趋势，为人居环境安全提供有力的生态保障，为协调区域国土空间开发格局优化、人口分布、经济布局与资源环境承载能力相适应以及经济社会可持续发展提供必要的生态支撑。

一、是对生态系统规律的把握

所谓生态系统,是由英国生态学家 A.G. 坦斯勒在 1935 年首次提出的概念,用以考察在特定空间中生物系统和环境系统的组合,它包括闭路循环规律、反馈调控规律和系统和谐规律。

生态系统的一个基本规律是闭路循环规律,这一规律反映的是生态系统中物质运动的过程,认为这一过程是沿着一种闭合的路线进行的,即"生产—消费—还原—生产"。物质是不断运动的,而生态系统的物质运动是一种周而复始的闭路循环。多样性和多层次是现实生态系统的显著特点,生物系统和环境系统是生态系统的主要构成部分,而生物系统又包括生产者、消费者、分解者等子系统,每个子系统又包括数不胜数的生物物种。不同种类、不同层次的物质运动使生态系统呈现出复杂的网络结构,不断进化。因而,生态系统的层次多样性是闭路循环规律的前提和保障,保护生态系统的多样性以及物质的良性循环是人类生存和发展的实际需要。对于人类活动所引起的环境问题,必须注意发挥生产者的能动作用,使生态系统的物质循环速度能够与人类活动相适应,从而减少人类活动对生态系统物质闭路循环的不利影响,使人类成为符合生态要求的合格消费者。

人类自进入工业社会以来,科技水平不断提高,认识和改造自然的能力不断增强,自然观转向人类中心主义,造成在处理人与自然关系的问题上处置失当。与此同时,由于人口激增、资源短缺,人类开始进行生态资源的掠夺性开发,在工业生产中造成了生态环境的严重破坏,引发了人类历史上前所未有的全球性的生态危机。在这一严峻的形势下,人类必须遵循闭路循环规律、反馈调控规律和系统和谐规律三大生态系统规律，摒弃人类中心主义自然观，树立生态伦理观，消除生态系统外在价值和内在价值的冲突，达到两者的统一，从而改善日益恶化的生态环境，实现人与自然的和谐发展。

二、是对传统生态观的超越

有学者指出：工业文明已经"过时"了。西方发达国家沿用线性思维，运用传统工业模式发展经济和对待环境问题，这样就失去了向新经济转变的机会，而为中华民族提供了机会。[1]虽然从总体上看，当前发达资本主义国家生态文明化程度相对较高，但是由于资本主义制度具有历史局限性，中国特色社会主义生态文明必将实现对传统生态观的超越。中国特色社会主义生态文明具有独特的文明观、发展观和自然观。生态文明是社会主义现代化题中应有之义，必须建设中国特色社会主义生态文明。中国特色社会主义生态文明秉持的是人与自然生态相融合的生态文明观，是不同于人类中心主义的生态人文主义。中国特色社会主义生态文明还体现出超越资本主义国家生态文明模式的探索性和后发性优势。

人类社会的文明进步不可避免地与生态问题相随，在历史上，许多文明都是由于遭遇到严重的生态危机而销声匿迹。据学者考证，公元250年玛雅文明鼎盛，但由于生态环境的恶化，公元800年时玛雅文明开始崩溃，其后不到100年便消失得无影无踪。同样，由于生态原因，巴比伦文明毁灭了。[2]人与自然的互动是推动人类社会文明形态发展的根本动力，纵观人与自然互动的历史进程，从天人不分，到天人二分，再到天人割裂，又回到天人调谐，人类主体性意识经历了一个循环，人

---

[1] 余谋昌. 生态文明是发展中国特色社会主义的抉择 [J]. 南京林业大学学报（人文社会科学版），2007（4）.
[2] 农夫. 建设生态文明 撑起人类的保护伞 [J]. 绿色中国，2013（2）.

类文明也经历了"原始文明—农业文明—工业文明—生态文明"的嬗变。[①] 由此看来，继原始文明、农业文明、工业文明之后，生态文明是历史发展的最新文明形态。在传统的工业文明框架内，生态危机不可能得到解决，只有在生态文明这一最新的文明形态下，人类的可持续发展才能和自然的可持续发展相统一，因为生态文明是人类运用生态系统规律维护人与自然平衡关系的一种科学、自觉的文明形态。因此，中国特色社会主义生态文明建设符合人类文明发展趋势，是一种进步的社会发展理念。

三、是巩固理念、制度的可靠保障

马克思主义认为，人是自然存在物，人的生活只能依靠自然界。马克思在《政治经济学批判》中指出：正像劳动的主体是自然的个人，是自然存在一样，他的劳动的第一个客观条件表现为自然，土地，表现为他的无机体……这种条件不是他的产物，而是预先存在的；作为他身外的自然存在，是他的前提。在《1844年经济学哲学手稿》中，马克思进一步指出："自然界，就它自身不是人的身体而言，是人的无机的身体。"正像一切自然物必须产生一样，人也有自己的产生活动即历史，但历史是在人的意识中反映出来的，因而它作为产生活动是一种有意识地扬弃自身的产生活动。历史是人的真正的历史。如何解决人与自然之间的矛盾，实现人与自然相统一呢？马克思认为共产主义是对私有财产即人的自我异化的积极的扬弃，因而是通过人并且为了人而对人的本质的真正占有……这种共产主义，作为完成了的自然主义，等于人道主义，而作为完成了的人道主义，等于自然主义，它是人和自然界之间、人和人之间的矛盾的真正解决，是存在和本质、对象化和自我确证、自

[①] 郭健彪.生态文明的价值眷注：人的全面发展 [J].福建论坛·人文社会科学版，2009（12）.

由和必然、个体和类之间的斗争的真正解决。

在哲学层面之外，马克思和恩格斯还从现实实践的角度回应了社会发展与环境之间的矛盾。马克思对当时的社会条件和环境状况做了深入的分析，他指出，资本主义农业的任何进步，都不仅是掠夺劳动者的技巧的进步，而且是掠夺土地的技巧的进步，在一定时期内提高土地肥力的任何进步，同时也是破坏土地肥力持久源泉的进步……因此，资本主义生产发展了社会生产过程的技术和结合，只是由于它同时破坏了一切财富的源泉——土地和工人。恩格斯则指出，不要过分陶醉于我们人类对自然界的胜利。对于每一次这样的胜利，自然界都对我们进行报复。每一次胜利，起初确实取得了我们预期的结果，但是往后和再往后却发生完全不同的、出乎预料的影响，常常把最初的结果又消除了……因此我们每走一步都要记住：我们决不像征服者统治异族人那样支配自然界，决不像站在自然界之外的人似的去支配自然界——相反，我们连同我们的肉、血和头脑都是属于自然界和存在于自然界之中的；我们对自然界的整个支配作用，就在于我们比其他一切生物强，能够认识和正确运用自然规律。

马克思主义辩证自然观在指导人类克服生态危机，重塑人与环境关系，建设更为高级的生态文明社会指明了方向。中国特色社会主义生态文明建设必须首先巩固理念，即人与自然和谐相处、平等共处。在人与自然关系中，人是主体，但人要依靠自然，也要尊重自然。遵循自然规律，维护生命权利，营造人与自然的和谐关系，确保自然系统的良性循环和动态平衡，是对人与自然和谐理念的切实贯彻。党的十九大报告指出，要坚持人与自然和谐共生。建设生态文明是中华民族永续发展的千年大计。必须树立和践行绿水青山就是金山银山的理念，坚持节约资源和保护环境的基本国策，像对待生命一样对待生态环境，统筹山水林田湖草系统治理，实行最严格的生态环境保护制度，形成绿色发展方式和生活方式,坚定走生产发展、生活富裕、生态良好的文明发展道路,建设美丽中国,为人民创造良好生产生活环境,为全球生态安全做出贡献。

结语

近年来,我国工业化和城镇化快速发展,但与之相伴,环境污染的加重、生态系统的退化、生态状况的恶化等问题对我国的资源环境产生了较大的影响。从整体上看,我国生态环境缺乏保护,国家与区域生态安全空间格局、监管机制与体制尚未形成。因此,牢固树立生态红线,是构建和强化国家生态安全格局,遏制生态环境退化趋势,促进人口资源相平衡,实现经济社会与生态效益相统一的重大战略决策。

第二节
正确处理好经济发展与生态环境保护的关系

改革开放后,我国坚持以经济建设为中心,推动经济快速发展,取得了举世瞩目的成绩。在经济社会高速发展的同时,我国始终重视环境保护工作,强调可持续发展。但是,尚有一些地方和领域未能处理好经济发展与保护生态环境的关系,造成资源消耗严重,生态问题日益突出。

一、树立保护生态就是保护生产力观念

保护生态就是保护生产力,这是因为自然生态环境在人类生产与发

展的活动中处于基础地位，人对生态环境的正确认识是促进人与自然之间进行物质转换的观念基础。马克思提出"自然生产力"的概念，他认为，大生产——应用机器的大规模协作——第一次使自然力，即风、水、蒸汽、电大规模地从属于直接的生产过程，使自然力变成社会劳动的因素。马克思进而指出，机器的使用会要求以自然力来代替人力。在马克思看来，在社会物质生产中，自然生产力发挥着巨大的作用，在社会物质生产过程中，自然生产力应当与科学技术列于同等重要的地位。保护生态环境就是强调自然本身对生产力的不可或缺，自然和人同时作为生产要素而存在，重视自然力推动自然物质生产，创造自然价值，从而创造经济和社会价值，这就是马克思所说的一切生产力都归结为自然界。而且从人类历史发展的视角看，"撇开社会生产的形态的发展程度不说，劳动生产率是同自然条件相联系的"。以自然力为基础的自然环境条件显然是影响社会发展的重要因素。马克思还指出，"政治经济学家说：劳动是一切财富的源泉。其实，劳动和自然界在一起才是一切财富的源泉，自然界为劳动提供材料，劳动把材料转变为财富。"[1]这就是说，自然生态环境和劳动一样，都是财富的源泉。而保护生态环境也就保护了人类生存与发展的物质基础，如果没有自然环境，没有感性的外部世界，那么劳动什么也不能创造。从这个意义上讲，必须树立保护生态就是保护生产力的观念。

建设"一带一路"战略是兼顾生态效益与社会效益相统一的战略，是在保护生态的同时发展经济的良好战略，践行了保护生态就是保护生产力的观念，在"一带一路"建设中，区域发展的整体布局应坚持生态导向和环境保护原则，做到人口、资源、环境相协调，经济效益、社会效益、生态效益相统一，控制开发强度，调整空间结构，促进生产空间

---

[1] 中共中央马克思恩格斯列宁斯大林著作编译局. 马克思恩格斯文集：第9卷[M]. 北京：人民出版社，2009.

集约高效、生活空间宜居适度、生态空间山清水秀，使"一带一路"成为生态廊道。立体综合交通运输走廊应坚持绿色低碳建设、绿色低碳运营管理，充分考虑对气候变化的影响，保护生物多样性。交易市场发展、产业园区建设、城镇规划选址等都要综合考虑地理、地形、气候与环境等条件，力求科学合理，坚守生态底线。比如，在位于"胡焕庸线"以西的我国西部地区，年降雨量大都在400毫米以下，多为草原、荒漠和雪域高原之地。其间也有少数地段形成绿洲，适合进行城镇建设，成为经济发展的承载地、人口的集聚地，但多为孤岛式发展。随着现代交通运输业的发展，这些区域也有了较快发展。但根据近70年的人口调查，"胡焕庸线"以西人口的增长仍然非常有限。总体看，受生态条件限制，我国西部地区生态承载力较低，聚集大规模产业、大规模人口的能力较弱。在国家主体功能区规划中，以生态恢复和保护为主的功能区大多位于西部地区。

二、树立改善生态就是发展生产力理念

习近平总书记在指出保护生态环境就是保护生产力的同时，还强调改善生态环境就是发展生产力。而将生态环境纳入社会生产力范畴，大大丰富和发展了马克思主义发展观。传统工业生产力主要追求经济增长和物质财富，对生态环境只有索取和掠夺，这种体现"人类中心主义"的发展是不可持续的。而生态生产力所追求的是一种可持续的发展，这种发展将社会生产力和自然生产力一并纳入"自然—社会"生产力系统，通过"生态化"调整，优化社会生产力的结构及其要素。人类想从根本上改变不合理的产业结构、资源利用方式、生活方式，就必须更加尊重自然生态系统的发展规律，进一步发挥生态环境这一生产力要素的作用，坚持发展与保护相结合，大力发展绿色经济、循环经济，发展低碳技术，不断提高生产力发展水平，通过走绿色发展之路有效保护和改善生态环

境，共建经济发展、社会繁荣、生态怡人的美丽家园。

三、杜绝以牺牲环境做代价换取经济增长的方式

习近平总书记在许多场合强调过加快转变经济发展方式的重要性。"加快经济发展方式转变和经济结构调整，是积极应对气候变化，实现绿色发展和人口、资源、环境可持续发展的重要前提。""加快经济发展方式转变是关系经济发展方向的重大战略。"这些论述都深刻揭示了转变经济增长方式的重要意义。转变经济增长方式，杜绝以牺牲环境作为代价，是立足长远的根本性发展思路，是破解经济与社会发展深层次矛盾的关键所在。

转变经济发展方式必须走绿色低碳发展之路。当前，资源依赖型、粗放增长型经济发展模式注定不可持续，为应对"十三五"时期经济社会发展的新要求，必须转变以往高投入、高消耗、高污染的经济发展方式，实行低碳发展、绿色发展的经济发展方式，坚定走生产发展、生活富裕、生态良好的文明发展道路，加快建设资源节约型、环境友好型社会，形成人与自然和谐发展现代化建设新格局，推进美丽中国建设，为全球生态安全做出新贡献。需要注意的是，转变经济发展方式既要在发展中促转变，又要在转变中求发展，根据"十三五"规划要求，大幅提高能源资源开发利用效率，有效控制能源和水资源消耗、建设用地、碳

排放总量，大幅减少主要污染物排放总量，基本形成主体功能区布局和生态安全屏障。

结语

在马克思看来，人类劳动过程具有三个基本要素，即有目的的活动或劳动本身、劳动对象以及劳动资料。在这其中，无论是劳动对象还是劳动资料，都包含有自然因素，或为天然自然物，或为人工自然物，即便考察劳动本身，也属于人的体力消耗，这也是一种自然消耗。因此，自然生态环境是人类劳动过程中最为基本的要素。

第三节 树立正确发展思路

党的十八大以来的五年，以习近平同志为核心的党中央高度重视生态文明建设，对生态文明的重大时代意义、思想内涵、战略部署作了详细的阐释，为中国特色社会主义生态文明建设厘清了思路，指明了方向。建设生态文明，不仅关系人民福祉，更关乎民族大计，是实现中华民族伟大复兴中国梦的重要内容。

一、坚持可持续发展观

树立建设中国特色社会主义生态文明的正确发展思路，首先是要坚持可持续发展观。马克思恩格斯最早开始关注资本主义大工业生产，他们也最先意识到人与自然界的关系问题。马克思指出:"在实践上,人的普遍性正是表现为这样的普遍性,它把整个自然界——首先作为人的直接的生活资料,其次作为人的生命活动的对象(材料)和工具——变成人的无机的身体。自然界,就它自身不是人的身体而言,是人的无机的身体。人靠自然界生活。这就是说,自然界是人为了不致死亡而必须与之处于持续不断的交互作用过程的、人的身体。所谓人的肉体生活和精神生活同自然界相联系,不外是说自然界同自身相联系,因为人是自然界的一部分。"[①] 恩格斯也指出:"自然界中无生命的物体的相互作用既有和谐也有冲突;有生命的物体的相互作用则既有有意识的和无意识的合作,也有有意识的和无意识的斗争。因此,在自然界中决不允许单单把片面的'斗争'写在旗帜上。"[②] 由此可见,马克思恩格斯注重对人与自然关系问题的考察,并初步形成了一种可持续发展的生态理念。

这里所说的可持续发展,就是促进人与自然的和谐发展,实现对自然资源的永续利用。在发展经济的同时,既要考虑当下,又要考虑长远,保证经济与社会的发展始终处于生态环境和自然资源的可承载范围内。可持续发展观既是对我国经济社会发展模式的理性反思,也是对世界生态发展趋势的积极回应;既为解决我国人口众多而资源相对短缺、发展较快但生态环境脆弱等问题提供了可行路径,也为我国实行科技创新、走新型现代化道路指明了方向。

二、坚持金山银山和绿水青山绝不对立

宁要绿水青山,不要金山银山,而且绿水青山就是金山银山。习近

---

① 中共中央马克思恩格斯列宁斯大林著作编译局.马克思恩格斯选集:第1卷[M].北京:人民出版社,2016.
② 中共中央马克思恩格斯列宁斯大林著作编译局.马克思恩格斯文集第9卷:[M].北京:人民出版社,2009.

平总书记从辩证的角度把经济社会发展与生态环境保护统一起来，提出绿水青山和金山银山的重要论述，深刻体现了尊重自然的价值理念，具有重大的现实指导意义。

坚持金山银山和绿水青山绝不对立，要实现经济发展和生态建设的双赢。金山银山和绿水青山是辩证统一的关系，经济社会的稳健发展正是以良好的生态环境为基础，因此，在发展经济的同时，还要注重生态环境的保护。生态环境是经济社会发展的依托，只有加强生态环境保护，减少对生态环境的破坏，才能实现经济社会的更好发展。为此，必须尽可能提高资源利用率，减少环境污染，改变传统经济发展模式中"先污染后治理"的末端治理模式，建立从资源到产品再到再生能源的循环生产新模式，既充分利用生态环境，又在经济健康快速发展中守住绿水青山。

而考察一个地区的经济竞争力，绿水青山已成为一个重要的内容。实现经济、社会与生态环境的协调发展，是建设生态文明的根本目标。为了让子孙后代实现永续发展，必须在发展经济的同时更好地保护人类赖以生存的自然资源和生态环境。除了实现物质财富和社会财富的增长，加强生态环境保护还有利于促进生态财富的增加。放眼世界各国和各地区的经济与社会发展，无论是招商引资，还是积聚人才与技术，生态环境已经成为重要的加分项。良好的生态环境有利于提高产品的竞争力，有利于实现经济的快速发展。除此之外，保护生态环境还有利于减少污染，扩大绿地面积，改善气候条件，优化生长环境，从而提高农副产品的品质，为经济可持续发展打下坚实的物质基础。只有加快建设"资源节约型、环境友好型"社会，才能有效推进经济发展和环境保护向着协调发展的"双赢"转变，实现物质文明和生态文明的共同进步，实现金山银山和绿水青山的同步发展。

三、坚持因地制宜发展产业

党的十九大报告提出，加快生态文明体制改革，建设美丽中国，必须坚持节约优先、保护优先、自然恢复为主的方针，形成节约资源和保护环境的空间格局、产业结构、生产方式、生活方式，还自然以宁静、和谐、美丽。建设社会主义生态文明，必须发展生态经济。生态经济是人类社会实现健康持续发展的必然选择，而大力发展生态产业，是发展生态经济的重中之重。只有不断优化产业结构，因地制宜形成协调的产业链，生态文明建设才能落到实处。当前，我国经济增长过于依赖以高能耗、高污染为特征的第二产业，与此同时，以低能耗、低污染为特征的第三产业发展仍不充分。而从世界范围看，产业结构正在发生演进，产业结构生态化是未来的发展趋势。因此，因地制宜，调整优化产业结构已成为我国生态文明建设的重要战略举措。

南召：用"生态振兴"带动"乡村振兴"[①]
——来自南召县推动"乡村生态改革"的事例

深山的小村庄在我们的传统观念里认为应该是进行农业生产的，而随着产业结构的调整，地处深山的小村庄因地制宜求发展，迎来美丽春天。

在河南西南部伏牛山脉的九里山麓，有一个地处深山的小村庄——南召县云阳镇石头村，村民叠石而居，与青山绿水相伴。因土地贫瘠、交通不便，村民们一直以来饱受贫穷的折磨。随着乡村振兴战略的实施，这个小山村迎来了亘古未有的繁华春天。2016年起，南召县开始大力推进"乡村旅游"，在保护、修复传统古村落的基础上，发掘开发乡土文化、农耕文明、特色民宿。石头村由此走上了快速发展的道路。

在石头村，村民们住的是石头房，走的是石板路、石拱桥，就连碾子、磨盘、花盆等都是用石头打造成的。虽然这里不是名胜景区，但仍然有很多游客慕名而来。游客说："这的空气环境好，还有他们的玉兰花很漂亮，真是很漂亮。像

[①] 河南电视台，2018-04-16.

第四章 "美丽中国"新要求

这石头,包括后面的紫藤树都有历史了,我们都是在城里长大的,都没有见过这些东西,这里的风土民情都觉得特别好。"

石头村的巨变是整个云阳镇偏远村庄发展的一个缩影。这两年,整个云阳镇按照创建国家全域旅游示范区的部署,多点发力,串珠成线,以全域景区化为目标,按照生态农业、乡村旅游、美丽乡村、扶贫开发"四位一体"融合发展的思路,全面激活全域旅游建设。目前,以玉兰生态观光园、山头美丽乡村、唐庄映山红碧桃园、铁佛寺石头村、国际玉兰花木城为支撑点的全域旅游综合体雏形已现。

结语

习近平总书记在不同场合指出,"正确处理好生态环境保护和发展的关系,是实现可持续发展的内在要求,也是推进现代化建设的重大原则","只要把两者关系把握好、处理好了,既可以加快发展,又能够守护好生态",强调"我们既要绿水青山,也要金山银山"。

第四节　保护生态环境需依靠制度、法治

　　生态文明建设的法律不是指某一个法律规范、某项法律规定或某部法规，而是指具有共同宗旨、性质相似、相互关联的一系列法律规范、法律规定和其他有关法律表现形式的集合。上述法律规定和其他法律表现形式，是泛指各种法律、法规以及国家认可的其他法律规范性文件中的有关规定和其他有关法律表现形式，包括：实体内容，程序性规定，法律规定的理念、原则和政策，法律或司法实践认可的具有法律效力的习惯和判例等。①

一、加强专项立法力度

　　在建设生态文明的过程之中，各种环境事件和环境纠纷时有出现，在执法过程中，暴露出我国环境法律法规可操作性不足的弱点。要改变这一状况，使环境执法有法可依、有据可判，就必须认真研究和修订现行法律，加强环境保护的专项立法力度。不同于英美法系的判例法，我国的立法形式属于大陆法系，遵循以法律原则来制定相关法律条文，在一部单行法规中，往往只能针对不同行为和情况作出原则性的规定。为了增强环境法规的可操作性，必须及时制定相关法规的实

---

① 蔡守秋. 生态文明建设的法律和制度 [M]. 北京：中国法制出版社，2017.

施细则。经过长期的环境立法和司法实践，我国在环境专项立法方面仍存在一些问题。

例如，原则性规定较多，而具体可操作性规定较少；处罚规定不明，而执法机关缺乏执法依据；有些规定前瞻性不足，而难以应对实践中的新情况与新问题。此外，一些实施细则的出台往往需要滞后数年，跟不上实践发展的要求。排污收费标准偏低，普遍低于治理成本。环境法规对处罚方式的规定仍以罚款为主，金额不高，法律法规的威慑力不足。为改变这些现状，必须借鉴英美法系判例法经验，以强化法律功能、提高可操作性为目标，在国家层面法律法规的框架下，强化地方立法机构职能，并根据本地的实际情况开展环境专项立法工作。而建立针对不同地区生态环境要求和经济社会发展需求的法律法规体系，符合完善我国环境法律体系的客观要求，符合保护生态环境实际需要。

二、加强环境执法力度

面对生态环境突发事件，执法部门在执法过程中往往存在有法不依、执法不严、违法不究的现象，致使法律法规没有得到落实，久而久之，大大降低了法律法规的公信力，再难对环境违法行为和环境污染行为形成约束。究其原因，除了环境法律法规本身存在一定的问题之外，更重要的因素是环境执法机构设置不合理以及执法主体的执法能力较低。

环保制度"亮剑"，为生态推进"保驾护航"[①]

面对生态环境突发事件，必须拿出抓铁有痕的力度，依靠最严格的制度执行，让环保压力层层传递，才能取得最大的治理效能。

---

① 石羚.让环保压力层层传递（人民时评）[N].人民日报，2018-07-04（5）.

　　污染防治攻坚战持续深入开展之际，生态环境部日前通报了"洞庭湖超级矮围"案件及整治情况。一名私企老板在洞庭湖上擅自搭建了长达1.8万米的矮围，形成了3万亩私围湖泊。湖南省委省政府多次严令整治，生态环境部对此展开专项督察，13天内，矮围全部拆除，速度之快、力度之大，彰显了打赢污染防治攻坚战的决心和信心。

　　侵占洞庭湖17年，"拆违"攻坚战13天——两个数字令人感慨。尽管此前相关部门曾三令五申要求拆除违规设施、恢复洞庭水域，整改工作却一拖再拖，没有从根本上解决问题。如今，专项督察开展仅一个多月，事件责任人就受到处罚，"超级矮围"拆除到位。17年与13天的对比，说明只要拿出动真碰硬的监管决心、雷霆万钧的执法力度，"老大难"问题也可以迎刃而解。这当中的关键就是要执法必严。

　　从"拆不动"到"马上拆"，生态环境保护真正成为带电的高压线，是党的十八大以来用坚定执法为生态保护保驾护航的体现。从"史上最严"环保法长出"牙齿"，到"史上最大规模"环保督察亮出"利剑"，从甘肃祁连山生态破坏问题问责相关领导干部，到督察组建议地方领导和老百姓住在一起、直到水不黑不臭……正是坚决、严格的执法，确保了中央保护生态环境的决策部署落到实处，确保了生态文明建设取得实效。

　　以制度为抓手贯彻生态文明理念，运用制度管根本、管长远的力量为生态环境保驾护航，是党的十八大以来环境治理的鲜明特色。制度的生命力在于执行，关键在真抓，靠的是严管。我们加强生态文明制度建设，不仅注重建章立制，更加注重制度实施。习近平总书记在全国生态环境保护大会上指出,"用最严格制度最严密法治保护生态环境,加快制度创新,强化制度执行,让制度成为刚性的约束和不可触碰的高压线"。这次洞庭湖拆除矮围案件再次启示我们,拿出抓铁有痕的力度,依靠最严格的制度执行,才能取得最大的治理效能。

作为"长江之肾",要还长江"一江碧水",洞庭湖恢复"一碧万顷"势在必行。这次保护洞庭湖生态行动如同一面镜子,照见了严格执法的行动力与震慑力。奉法者强则国强,奉法者弱则国弱。既有最严格制度、最严密法治,又有最刚性执行、最有力实施,才能真正让破坏生态环境的行为无处藏身,用制度的生命力涵养生态环境的生命力。

(有删改)

青海地处三江源头,被誉为"中华水塔",在全国生态文明建设中具有重要战略地位。2017年以来,青海省为加大环境执法力度,持续开展了湟水河、尾矿库及非征占用地违法排污等各类环境执法专项行动。同时受环保部委托举办国内首次依托有毒有害气体预警体系的应急演练,完成了首批钢铁、水泥等5个行业47家企业的评估整改。严格执行《环保法》及配套办法,全年检查各类企业及项目19012家次,行政处罚732家企业,处罚金额5332万元。其中按日连续处罚12家、查封扣押39家、限产停产18家,移送司法机关27件,实施行政拘留25人。同时,根据环保部放射源安全检查专项行动部署,对全省52家涉源单位进行了拉网式全覆盖检查,全面摸清了涉源单位安全监管现状,对安全防护措施不到位的单位下达限期整改通知书,消除了安全隐患,被评为全国专项行动10个优秀省份之一。

三、加强环境监理制度

习近平总书记多次强调,要强化环境保护和生态建设执法监督管理,加大执法力度,严肃查处各种环境违法行为和生态破坏现象,对阻碍和干预环境保护执法的,要严肃追究有关负责人的责任。他还要求树立法治意识,强调要严格执法,该关停的要坚决关停,要抓紧修订相关法律法规,提高相关标准,加大执法力度,对破坏生态环境的要严惩重罚,要大幅提高违法违规成本,对造成严重后果的要依法追究责任。这体现了总书记对严格执法和加强生态环境监督管理的高度重视。

生态环境保护是涉及农业、林业、畜牧业、渔业、国土资源、环境治理等多个领域的一个综合概念。然而,我国环境执法监督管理制度尚不完善,难以对环境行政执法作出及时的、必要的回应。媒体和公众的知情权没有得到充分的保障,公众普遍缺乏对生态环境问题的认识,环保意识薄弱,环保参与程度较低。至于非政府组织和社会力量,发育并不成熟,其监督能力十分薄弱,社会自治难以实现。要改变上述状况,必须加强环境监理制度建设,在现有的制度框架内不断完善各种监督机构的功能,疏通监理渠道,建设具有中国特色的生态文明监理制度。

结语

习近平总书记指出,只有实行最严格的制度、最严密的法治,才能为生态文明建设提供可靠保障。生态文明建设需要法律法规的有力保障,构建与生态文明建设相适应的生态环境法律体系是切实保护生态环境的重要内容和必然要求。如果离开制度和法治的保障,保护生态环境就是一句空话,建设中国特色社会主义生态文明更是无从谈起。

第五节　加强生态文明宣传教育

研究表明，生态文明宣传教育的深度和广度在很大程度上影响着公众对生态文明知识的理解、对环境问题的关注、对可持续发展的认同、对环保行为的培育。任何关于环境的事后治理，其效果远比不上有效的生态文明宣传教育。因此，必须切实加强生态文明宣传教育。

一、宣传教育是生态文明建设基础工程

党的十九大报告号召我们要牢固树立社会主义生态文明观，推动形成人与自然和谐发展现代化建设新格局。宣传教育是生态文明建设基础工程，只有加强宣传教育，才能为生态文明建设打下基础，增强信心。

只有加强宣传教育，才能准确把握新理念。党的十九大报告提出坚持人与自然和谐共生，并将其阐释为新时代坚持和发展中国特色社会主义的基本方略，同时提出生态文明是中华民族永续发展的千年大计，还自然以宁静、和谐、美丽。面对这些生态文明新论断、新理念，只有加强宣传教育，才能深刻理解以习近平同志为核心的党中央关于生态文明建设的重要战略思想。

只有加强宣传教育，才能准确把握新要求。中国特色社会主义进入新时代，我国社会主要矛盾已经转化为人民日益增长的美好生活需要和不平衡不充分的发展之间的矛盾。我国社会主要矛盾的变化是关系全局的历史性变化，对党和国家工作提出了许多新要求。通过加强宣传教育，可以正确把握人民对优美生态环境的新需要，统领当前和未来生态文明建设的新要求。

只有加强宣传教育，才能准确把握新目标。党的十九大提出，从2020年到2035年，生态环境根本好转，美丽中国目标基本实现；从2035年到本世纪中叶，把我国建成富强民主文明和谐美丽的社会主义现代化强国，实现我国物质文明、政治文明、精神文明、社会文明、生态文明的全面提升。而加强宣传教育，可以将这一振奋人心的新目标转化为催人奋进的新动力。

只有加强宣传教育，才能准确把握新部署。对于生态文明建设和生态环境保护新部署，要通过加强宣传教育，使关注点聚焦在推进绿色发展、着力解决突出环境问题、加大生态系统保护力度、改革生态环境监管体制等四个方面，充分理解任务安排与制度设计，认识人与自然和谐发展的现代化建设新格局。

总之，生态文明建设必须从改变人的行为的角度出发，而不能简单地为了环境防治而防治。可以说，我国生态现代化成败的关键就在于国民是否具有生态意识，是否能够运用生态知识推进社会的可持续发展。没有现代生态意识，就无法转变经济和社会发展模式，无法实现生态现代化，无法建设生态文明。因此，要通过加强宣传教育，提高全民生态意识，这是一项基础工程。

二、准确把握生态文明宣传教育目标任务

当前，我国正处在全面建成小康社会的关键期，生态文明建设同样处于重要的发展阶段。在这一阶段中，资源环境的承载力难以支撑原有发展模式的高速增长，生态危机集中显现的风险进一步加剧，气候变化导致生态保护与修复难度加大，国际地位的提升要求我国承担比以往更多的环境责任与义务。面对新时代提出的新要求，生态文明宣传教育工作也被赋予了新的目标和任务，必须准确予以把握。

生态文明宣传教育的目标在于培育主流价值观，形成良好的社会风

尚，提升道德素养，增强人们内心深处保护环境的内驱力，树立绿色发展理念，开阔生态文明视野，共建美丽中国。具体而言，生态文明宣传教育工作的主要任务有以下四点：一是提升公众的环境意识。生态文明宣传教育的根本任务，在于提升公众的环境意识。通过全民教育，普及和传播环境保护的科学知识，提高公众对环境问题重要性的认识，提升环境保护技能，树立生态文明观，增强全社会的环境意识和社会责任感。二是做好环境信息发布。加强环境新闻发布工作，建立健全新闻发言人制度，通过多种形式推动环境信息公开，跟进做好警示教育，创新环境信息发布手段，提高传播能力，拓展传播渠道，扩大环境信息覆盖面。三是规范和引导社会力量。建立健全环境保护公众参与机制，积极引导、规范公众有序开展环境宣传教育、环境保护、环境维权，推进全民环境教育示范工程，培育引导环保社会组织，拓展国际交流与合作渠道。四是加强环境宣传教育理论研究。增强理论功底，加强理论支持，积极探索新时代环境宣传教育规律，构建具有新时代环境保护特色的宣传教育理论体系，让环境宣传教育更能说服人。

三、开创生态文明宣传教育新局面

建设生态文明是关系人民福祉和民族未来的大计，是实现中华民族伟大复兴中国梦的重要内容。在中国特色社会主义新时代，要把生态文明建设融入经济建设、政治建设、文化建设、社会建设各方面和全过程。为此，我们要全面贯彻党的十九大精神，以习近平新时代中国特色社

会主义思想为指导,牢固树立社会主义生态文明观,必须开创生态文明宣传教育新局面。

安徽:环保理念宣传的"第一阵地"[①]
——关于安徽省对环保理念推行的现状调研

2018年安徽六五环保宣传周期间,安徽全省各地纷纷开展六五环境日主题宣传系列活动,宣传环保理念,展示环保工作成效,增强全社会的环境保护意识,为建设生态美好的安徽营造良好的环保氛围。

马鞍山——小手牵大手传播环保理念

六五环境日期间,安徽省马鞍山市121所绿色学校、83个绿色社区和5个环保设施公众开放点都开展了形式多样的生态文明宣传活动,形成了良好的生态文明建设氛围。

绿色社区宣传活动丰富多彩,有的通过宣传栏和横幅,介绍环保生活小细节、垃圾分类等知识,有的组织辖区居民开展以"文明净小区"为主题的清洁家园行动,有的带领居民用旧衣物制作环保袋和鞋垫,讲解如何低碳环保生活,呼吁大家从身边小事做起,践行绿色生活。

全市各绿色学校开展了校园"二手市场""绿色银行"等活动,并组织学生参观环保公众开放点,积极开展环境日主题宣传和主题实践活动。全市首批开放的5个公众开放点均开展了环保设施公众开放活动,市民、学生、环保志愿者积极参加,通过参观了解了环境监测、污水处理、垃圾焚烧发电、电子废弃物拆解等环保工作,促进公众深入了解环保。马鞍山市充分利用绿色创建成果,发挥"绿色细胞"功能,让绿色学校的学生"小手"带动家长的"大手",让绿色社区的小社区带动大

---

① 八皖大地六五环境日主题活动引人入胜[N].中国环境报,2018-06-29(6)。

社会，使环保理念、环保行为辐射式传播。

芜湖——环保骑行倡导低碳生活

为纪念六五环境日，深入学习宣传贯彻习近平生态文明思想，全面落实全国生态环境保护大会精神，安徽省芜湖市环保局于六五环境日当天，在芜湖城东雕塑公园举办"芜湖环保·一骑出发"环保骑行公益活动。此次骑行活动面向社会公开征集报名，应征者达1000多人，最终选取了200名志愿者参加，从公园西门出发，绕公园骑行两圈，全程10千米。活动现场共发放宣传单、《芜湖市第二次全国污染源普查》、《公民环保行为手册》等5种宣传资料各300余份，发放环保袋200余个，现场解答环境法律法规咨询50人次，广大市民群众积极参与宣传活动。活动旨在共同见证芜湖发展新篇章，环保事业发展的新高度，倡导绿色环保的生活理念。

同时，芜湖市各县区也分别举行了多种形式的环境日主题宣传活动，动员全社会更多力量一起参与到环境质量改善的行动中来，共同守护好芜湖的绿水青山。

安庆——组织社会各界广泛参与

安徽省安庆市围绕六五环境日主题,制定宣传周活动实施方案,通过开展多种形式的环保活动,积极倡导简约适度、绿色低碳的生活方式。

黄山——随手拍曝光违法行为

2018年环保宣传周期间,安徽省黄山市围绕"美丽中国,我是行动者"主题,组织开展了内容多样、受众面广、影响力大的系列宣传活动。

环境日当天,黄山市举办了六五环保宣传周暨"黄山环保世纪行"和环保志愿服务大型启动仪式,现场表彰了黄山市"环保创意小制作"和"2017年江淮环保世纪行好新闻作品"获奖者,开展环保文艺演出、环保行动倡议、宣誓和签名等活动。环保宣传周期间,黄山市开展了"美丽黄山,你我相伴"生态文明随手拍活动,发动公众通过网络、微信、微博等新媒体、自媒体,展示全市生态文明建设成效,曝光环境违法行为。

亳州——六五宣传坚持四个面向

安徽省亳州市坚持"四个面向"开展六五宣传活动,收到了良好的宣传效果。

坚持面向领导干部。在市区魏武广场举行了纪念六五环境日暨亳州环保世纪行启动仪式活动,市委、市政府八大班子领导及市直世纪行20余个成员单位负责人参加。

坚持面向学校师生。联合亳州市教育局,在亳州市电视台成功举办首届中小学师生环保知识大奖赛;举办"第二届七色童年杯——美丽中国,我是行动者"中小学生环保美术

大赛。

坚持面向重点企业。市公交公司在全市公交车内滚动播放环保公益流动字幕一周。国祯环保有限公司开展了环保公共设施公众开放活动，让公众零距离了解污水处理全过程。在全市重点企

业间开展"我为环保献一策"有奖征集活动，征集各类环保建言130余条等。

坚持面向社会公众。向全市发出了《亳州市"守护蓝天、绿色出行"倡议书》，引导公众少开私家车，多采取绿色出行方式；成功举办"绿水青山就是金山银山——国祯环保杯"主题有奖征文活动等。

铜陵——近千人参加宣传周启动仪式

为紧紧抓住六五环境日暨安徽省环保宣传周集中开展环境保护宣传教育的有利时机，安徽省铜陵市围绕"美丽中国，我是行动者"主题，紧密结合全市深入推进的突出环境问题整改攻坚战，通过开展形式多

样、内涵丰富的宣传教育活动，推动全市上下牢固树立绿色发展理念，广泛参与、支持生态环境保护工作，为建设幸福美丽铜陵营造强大的宣传声势和浓厚的舆论氛围。

宣城——深入开展立体化宣传活动

为隆重纪念六五环境日，深入组织开展好环保宣传周活动，安徽省

宣城市紧密围绕"美丽中国,我是行动者"主题,结合宣城生态环境保护特点,组织开展了一系列接地气、重实效的宣传活动,营造了浓厚的环境保护氛围。

成立了宣城市2018年环保宣传周活动工作领导组,制定了活动方案,加强组织领导、明确分工。同时,宣城市结合环保重点工作,巩固传统宣传阵地,充分借助社会资源,构建形式多样的立体化宣传模式,确保取得实实在在的效果。

利用电视报刊、网络等多媒体,深入开展立体化宣传活动,推进环保"进机关、进社区、进学校、进农村、进企业"活动。组织开展大型广场宣传咨询及环保公众开放日活动,举办全市小学生主题环保书画作品比赛。联合老年骑协、妇联、团委开展环保公益活动,举办企业环境信用专题教育培训会,举行2017年宣城市环境状况新闻发布会,开展长跑公益宣传活动等。同时,宣城市大力宣传六五环境日暨环保宣传周活动,为活动开展营造良好的舆论氛围,让广大市民从了解环保到主动参与环保、宣传环保,支持环保事业的发展。

淮南——书记市长助阵六五宣传

6月5日上午,安徽省淮南市举行六五环境日暨安徽环保宣传周街头主题宣传活动。省市有关领导等莅临主题宣传活动现场指导。

市委书记在活动中指出，美丽中国，人人共享，更需要全社会共建。相关部门要加强宣传，在全社会形成人人、事事、时时崇尚生态文明的社会氛围，让美丽中国建设深入人心，让绿水青山就是金山银山

的理念深入实践。各级机关事业单位要履行职责、率先垂范，各企业生产经营者要履行义务、严守底线，全市人民要积极参与生态环境事务，从我做起、从小事做起，全市上下同心同德，共同建设美丽中国、文明淮南、幸福家园。市长在活动中指出，优美生态环境是人民群众对新时代美好生活的重要期待，要像保护自己的眼睛一样保护自然环境，像对待生命一样对待生态环境。举办环境日宣传普法活动，旨在广泛凝聚社会共识，激发公众热情，营造全社会关心支持参与环保的良好氛围。希望越来越多的人增强环境意识，践行绿色承诺，以实际行动为环境保护贡献一份自己的力量。

六安——小学生体验一线环保工作

在环保宣传周期间，安徽省六安市环保局提前谋划、精心组织，制定宣传活动方案，开展了形式多样的宣传活动。6月1日，六安市环委会33家成员单位组成环保宣传队伍，走进结对共建社区，结合创建文明城市，开展了环保宣传进社区活动，拉开了六安市环保宣传周的帷幕。

6月3日，六安市环保局组织皖西学院环保志愿者开展"保护母亲河，我们在行动"活动，实地查看淠河总干渠饮用水水源地环境状况。6月4日下午，来自市城北第二小学的30名小学生，在老师和家长的带领下，共同走进市环保局亲身体验一线环保工作，让学生及其家长等深入了解

环保设施，提升公众的环境意识，营造公众理解环保、支持环保、参与环保的良好氛围。6月5日上午，六安市围绕"美丽中国，我是行动者"主题，在皋城广场举办六五环境日集中宣传活动，集中展示近期全市环保工作成就，进一步营造全社会关心环保工作的氛围。市委、市政府、市政协领导出席宣传活动。6月1日起，六安市还利用全市公交车车载移动电视播放环保公益广告，进一步扩大宣传范围。

池州——开展环保好新闻评选

2018年6月，安徽省池州市以"美丽中国，我是行动者"为主题，精心组织了形式多样、覆盖各层次受众的多项环境日系列主题活动，大力推动环保宣传活动"向下扎根"。

（有删改）

结语

开展生态文明建设,离不开行之有效的法律法规,但法律法规属于外在的约束,只有内化于心,才最为根本。而以多种形式加强生态文明宣传教育是一种十分有效的途径。

第五章

"美丽中国"新突破

第一节 理念和方针的进一步更新

党的十八大以来,以习近平同志为核心的党中央坚定不移推进生态文明建设,生态环境保护的各项工作得到明显改善,但与人民群众改进生态环境质量的强烈要求还有很大距离。我们要以满足人民对美好生活的向往为目标,多谋民生之利、多解民生之忧,纠正不正确的发展观念和粗放的发展方式,补齐生态环境这块突出短板,实行绿色低碳循环发展,让天更蓝、山更绿、水更清、生态环境更优美,提高人民生活质量,向人与自然和谐共生的现代化迈进。

一、"尊重自然、顺应自然、保护自然"的新理念

习近平总书记多次强调在全社会牢固树立尊重自然、顺应自然、保护自然的生态文明理念,深刻指出生态文明建设既是经济增长方式的转变,更是思想观念的一场深刻变革。

(一)尊重自然

习近平总书记要求进一步强化生态文明观念,努力形成尊重自然、热爱自然、善待自然的良好氛围。这为我们正确认识人与自然的统一性、树立尊重自然的理念提供了思想指南。

(1)深刻认识自然是人类生存空间

马克思指出:"全部人类历史的第一个前提无疑是有生命的个人的存在。因此,第一个需要确认的事实就是这些个人的肉体组织以及由此

产生的个人对其他自然的关系。"① 习近平总书记继承马克思关于个人与自然关系的学说,强调"进一步树立生态意识,深刻认识自然是人类生存的空间,是人类创造生活的舞台",表明人类的形成与发展既是人类认识

和改造自然的过程,也是自然改造人类的过程。正如恩格斯所言,人本身是自然界的产物,是在自己所处的环境中并且和这个环境一起发展起来的。

(2)人类要尊重自然承载的限度

习近平总书记强调,人的需求的无限性与资源的有限性之间的矛盾是人类生存的永恒矛盾,由此,节约资源、实现资源的循环利用就成为人类社会发展的永恒主题。习近平总书记把尊重自然承载的限度与人类社会的永续发展结合起来,是对自然规律的尊重。尊重自然承载的限度,也包括人类的废弃物排放要谨慎、适度。树立尊重自然,就是要从人的主体性去理解自然。

(二)顺应自然

习近平总书记要求顺应自然,就是说人类要重视和遵循自然规律,约束自己的行为,减少对自然的干扰和损害。

(1)尽可能减少对自然的干扰和损害

习近平总书记要求在经济社会的发展过程中尽可能减少对自然的干扰和损害,强调慎砍树、不填湖、少拆房。尽可能在原有村庄形态

---

① 中共中央马克思恩格斯列宁斯大林著作编译局.马克思恩格斯选集:第1卷[M].北京:人民出版社,2016.

上改善居民生活条件，让历史文化与自然生态永续利用、与现代化建设交相辉映。

(2) "因天材，就地利"

习近平总书记特别强调因地制宜，指出要根据区域自然条件，科学设置开发强度。自然界是一个极其复杂的生态系统，有着固有的规律。随着人类科技进步，认识能力不断提升，自然界纳入"人化"系统之中的范围不断扩展。工业革命以来，科技进步在为人类创造财富的同时，也丰富了人对自然的认识和理解。然而，由于自然生态系统的复杂性和人类认识的局限性，到目前为止，人们对自然规律的认识还不够全面和准确。因此，在人与自然相处时，必须遵循顺应自然的理念。

(三) 保护自然

环境问题的出现反映了人与自然的冲突，习近平同志要求我们绝不能走西方发达国家曾经走过的"先污染后治理"的老路，必须树立好保护自然的理念。

(1) 严格保护、合理开发、持续利用

习近平总书记指出，破坏生态后再补回来，成本比当初创造的财富还要多。严格保护、合理开发、持续利用是一个有机整体。要有严格保护的意识，对一些生态脆弱的地区一定严格限制开发；对一些开发强度已经较大、承载能力有限的地区，一定要限制开发强度。同时，利用市场手段适当提高资源产品的价格，使价格反映资源的稀缺程度，利用价格手段引导人们珍惜资源。合理开发是严格保护的目的，也是持续利用的前提，保护的目的并不是限制人类的发展，而是要提高资源利用效率，最终实现人类的持续发展。

(2) 节约优先、保护优先、自然恢复为主

2013年4月习近平总书记在海南考察时指出，青山绿水、碧海蓝天是建设国际旅游岛的最大本钱，必须倍加珍爱、精心呵护；强调坚持

节约优先、保护优先、自然恢复为主的方针,抓好自然保护工作。其中保护自然要本着节约优先的原则,就是要充分发挥资源的效益,坚持集约利用的原则,努力挖掘现有资源的潜力。

(3) 把青山绿水留给子孙后代

习近平总书记把对自然的尊重统一到不断提高人民的生活水平和质量之中,把美好家园奉献给人民群众。这不仅表达了习近平总书记关心人民利益、全心全意为人民服务的民生情怀,而且反映了他尊重自然的人文情怀。

尊重自然、顺应自然、保护自然体现了人类对自然认识的深化,是生态文化建设的核心,三者之间具有内在联系。尊重自然是顺应自然、保护自然的认识前提,只有在全社会树立起尊重自然的观念,指导人们的日常生活行为,才能推动保护自然的制度和措施的实施。顺应自然是尊重自然、保护自然的策略选择,把握自然与人类社会运行的客观规律,在规律允许的范围内做事,才不会犯主观主义的错误。保护自然是尊重自然、顺应自然的实践导向,光有尊重自然、顺应自然而不将其保护,自然还是会遭到破坏。只有牢固树立尊重自然、顺应自然、保护自然的生态文化理念,生态文明建设才能取得成功。

二、"节约优先、保护优先、自然恢复为主"的新方针

党的十八大报告指出,坚持节约资源和保护环境的基本国策,坚持节约优先、保护优先、自然恢复为主的方针。坚持节约资源的基本国策,构建资源节约型社会,是解决资源不足的重要举措,是事关我国发展全局的重大问题;坚持环境保护的基本国策,其目标就是要满足民众对干净的水、新鲜空气、优美环境的要求;坚持节约优先、保护优先、自然恢复为主,是针对目前我国资源环境状况而决定的。其中节约优先,就是要推进资源节约、集约利用,提高资源自用率、生产率;保护优先,

就是要加大环境保护力度，减少污染排放，改善环境质量，在发展中保护、在保护中发展；自然恢复为主，就是要加大生态保护和自我修复力度，从源头上扭转生态恶化趋势，坚持以自然恢复为主，与人工修复相结合。习近平总书记在中共中央政治局第六次集体学习的讲话中也明确强调："节约资源是保护生态环境的根本之策。要大力节约集约利用资源，推动资源利用方式根本转变，加强全过程节约管理，大幅降低能源、水、土地消耗强度，大力发展循环经济，促进生产、流通、消费过程的减量化、再利用、资源化。"在资源开发与节约中，把节约放在优先地位，以最少的资源消耗支撑经济社会持续发展；在环境保护与发展中，把保护放在优先地位，在发展中保护、在保护中发展；在生态建设与修复中，以自然恢复为主，与人工修复相结合。

结语

习近平总书记在党的十九大报告中指出："既要创造更多物质财富和精神财富以满足人民日益增长的美好生活需要，也要提供更多优质生态产品以满足人民日益增长的优美生态环境需要。"这是从中国特色社会主义进入新时代、我国社会主要矛盾发生变化的现实出发提出的新理念新要求，我们必须充分认识和深刻理解。

第二节 战略与布局的进一步调整

一、建设生态文明是关系人民福祉、关乎民族未来发展大计的新方位

党的十八大报告明确指出,建设生态文明,是关系人民福祉、关乎民族未来的长远大计。彰显了生态文明建设的重要性与艰巨性。因此,我们既要准确认识生态文明建设问题的重要性,也要抱着对人民群众、子孙后代高度负责的态度切实做好生态文明建设。这源于几个方面:第一,经济持续健康发展离不开生态文明建设的保障。良好生态环境是人和社会持续发展的根本基础。因此,从某种意义上说,良好的生态环境是能创造财富的生产力,其发展后劲不可小觑。第二,生态文明建设要符合民意。2013年4月习近平总书记在考察海南时讲道:"良好的生态环境是最公平的公共产品,是最普惠的民生福祉。"加强生态文明建设,是人民群众反映强烈的民生问题,因此,必须为人民群众创设良好生态环境下大功夫。第三,生态文明建设体现党的执政能力。习近平认

为，正确认识和妥善处理不断出现的新问题是党的一个重要课题。生态文明建设符合人民群众的期待、利益需求，因而必须常抓，且要抓出实效。与此同时，习近平总书记还强调，建设生态文明，是"走向生态文明新时代，建设美丽中国，实现中华民族伟大复兴的中国梦的重要内容"。

成都：坚持生态优先绿色发展，让绿色成为城市最鲜亮底色[①]
——关于成都市新一轮城市生态格局的构建措施

生态就是民生，环境就是福祉。连日来，秀美的蓉城风和日丽、春暖花开，颜值逆天的"成都蓝"带给人别样感受。不少市民走出家门来到河边或坐或行，牵着孩子陪着老人散步聊天晒太阳，幸福的笑容洋溢在人们的脸上。从"盼温饱"到"盼环保"，2017年是四川省委、省政府确定的"环境质量提升年"，同时将成都平原地区大气污染治理作为全省"一号环保工程"，成都环保工作任务十分艰巨、繁重。为全面落实环境保护"党政同责、一岗双责"，真正做到"管发展必须管环保、管行业必须管环保、管生产必须管环保"，进一步提高全市环境管理系统化、科学化、法治化、精细化和信息化水平，不断改善城乡生态环境质量，成都市将坚持按照《四川省环境保护工作职责分工方案》要求和相关规定，党政一把手共同签署环保责任状，合力构建党委政府统领全局，职能部门齐抓共管，全社会广泛参与的"大环保"工作格局，为确保各项任务完成戴上了"紧箍咒"。

位于锦江区的白鹭湾湿地，是成都市以"六湖八湿地"打造"八十公里环城绿廊"的重点建设项目之一。这里尽管没有名山大川倒也坐拥田园风光，虽紧邻现代都市却不闻市井的喧嚣，一年四季绿树成荫波光

[①] 辜迅.生态就是民生，环境就是福祉[N].人民日报，2017-04-11（13）.

郁郁，鸟语花香生机盎然，每到周末总是游客云集、熙来攘往，现已成为市民休闲游玩、青少年参加科普活动的好去处。作为"六库八区"生态建设项目开篇之作的参与者，锦江区人大常委会有关负责人对此倍感自豪。据其介绍，白鹭湾湿地建设只是成都营造城景相融、田园相连、山水相依的生态宜居城市的一个缩影。2016年6月，锦江区被环境保护部命名为"国家生态区"，由此成为中西部大中城市主城区首个国家生态区。不难想见，"西边田园花为径，东边林果色斑斓；稻麦黍菜皆为景，湖光山色扑面来"。蓉城市民美好的生态愿景已然近在眼前。

(有删改)

二、"五位一体"生态文明建设国策向以制度建设为重点的新升级

习近平总书记指出："经过三十多年快速发展积累下来的环境问题进入了高强度频发阶段。这既是重大经济问题，也是重大社会和政治问题。"[①] 这一论断从唯物辩证法普遍联系的观点深刻揭示了生态环境问题的经济、政治、社会等属性，也深刻阐明了生态文明建设系统与其他建设系统是相互依存的有机整体，这是将生态文明建设融入经济建设、政治建设、文化建设、社会建设的重要依据和主要原因。

在环境问题与文化问题的关系上，习近平总书记引用白居易的"天育物有时，地生财有限，而人之欲无极"，来寓意人类的片面追求和地球资源有限供给的重大矛盾，明确了大力发展"生态文化"的重要性。基于对欧美国家现代化发展道路造成严重环境后果的清醒认识，习近平总书记指出：要实现永续发展，必须抓好生态文明建设。将生态文明建设融入其他"四大建设"，在一定程度上是偿还现代化建设带来的资源

---

① 中共中央文献研究室.习近平关于全面建成小康社会论述摘编[M].北京：中央文献出版社，2016.

环境欠账,也是推进现代化的必由之路。将生态文明建设纳入现代化建设全局,是中国特色现代化建设的重要内容,也是我国探索现代化道路的重大创新,对保护地球家园、促进人类文明,具有深远意义。

三、"四维一体"的生态文明建设新布局

党的十八大报告对生态文明建设的布局做出了明确规定,主要涉及优化国土空间开发格局、全面促进资源节约、加大自然生态系统和环境保护力度、加强生态文明制度建设"四个维度"的内容。国土是生态文明建设的空间载体,必须珍惜每一寸国土。优化国土空间开发格局,要求统筹协调海陆、区域、城乡、产业和功能五个相互关联的层面。2014年6月,习近平在出席2014年国际工程科技大会的演讲中更是明确地指出:我们将继续实施可持续发展战略,优化国土空间开发格局,全面促进资源节约,加大自然生态系统和环境保护力度,着力解决雾霾等一系列问题,努力建设天蓝地绿水净的美丽中国。与此同时,党的十八届三中全会还专门就加快生态文明制度建设作了详尽阐释,拓宽了生态文明制度建设的内涵。《关于加快推进生态文明建设的意见》中明确总结了生态文明建设的主要目标:到2020年,资源节约型和环境友好型社会建设取得重大进展,主体功能区布局基本形成,经济发展质量

和效益显著提高，生态文明主流价值观在全社会得到推行，生态文明建设水平与全面建成小康社会目标相适应。

结语

生态环境问题不是孤立存在的，内含着经济、政治、文化与社会问题，在一定程度上互为因果。生态环境一头连着人民群众的生活质量，一头连着社会的和谐与稳定，环境问题更是民生问题，加强生态文明建设是民意所向。努力建设生态文明，既是当今世界发展的主流和趋势，也是人民群众的共同愿望与诉求。

第三节　制度与机制的进一步完善

一、加快建立生态文明制度

（一）健全自然资源资产产权制度和用途管制制度

自然资源资产产权制度和用途管制制度是生态文明制度体系建设的基础，是深化生态文明体制改革的创新和突破，展现了生态文明建设中国家治理体系和治理能力的提升。

（二）设定生态保护范围

设定生态保护范围是我国生态文明制度的新要求，是生态文明顶层设计的重要内容，目的在于维护国家生态安全，保障生态系统的完整性，提升自然生态系统的自我修复能力；本质在于树立底线思维，加强国土空间管治，强化对经济、社会发展的指标约束，为子孙后代发展预留足够的空间和资源。习近平总书记高度重视生态保护红线的划定工作，2002年就提出，对现有生态环境良好的区域要加强保护，对生态环境趋向恶化的要采取措施坚决制止，对生态环境已遭破坏的要采取抢救措施，加大生态建设和恢复力度。他还一针见血地指出生态红线的划定就是要还自然生态系统以休养生息的能力，改变自然生态系统已经疲惫不堪、超负荷运转的趋势，恢复和提振其自我净化功能，加快建设美丽中国。

（三）实行资源有偿使用制度和生态补偿制度

习近平总书记2003年初明确指出要立足资源永续利用，坚持依法保护和合理开发利用土地、森林、海洋、河流、矿产等资源，逐步完善生态保护补偿机制，扩大推广资源有偿使用制度，坚决制止各类"圈地"

和滥占耕地等严重浪费资源的行为。自然资源有偿使用制度和生态补偿制度的提出，表明了党和国家从制度上调整经济发展与环境保护关系的决心，充分体现了以人为本、可持续发展的生态伦理观。

（四）改革生态环境保护管理体制

生态文明建设要求把生态文明理念深刻融入和全面贯彻到经济社会发展的各方面和全过程中去，要求从根本上遏制生态环境日益恶化的趋势，这就必须解决体制机制上的问题，对生态环境保护管理机制进行根本性的变革。习近平总书记高度重视生态环境保护管理制度的建设。在党的十八届三中全会上，习近平总书记明确提出了"改革生态环境保护管理体制"的目标，将之作为生态文明制度建设的重要内容写进党的决定，建立和完善严格监管所有污染物排放的环境保护管理制度，独立进行环境监管和行政执法。

二、用最严密的法制为生态文明建设提供可靠保障

（一）更好地发挥法制对生态文明建设的引领和规范作用

党的十八届三中全会提出了生态文明制度建设的重要任务，党的十八届四中全会在此基础上进一步提出用严格的法律制度保护生态环境，深刻阐释了推进生态文明建设的可靠保障在于法律制度。一个科学的制度体系必须建立在完善的法律框架基础上，发挥法制引领和规范的作用。用严格的法律制度保护生态环境，本质上就是要用法律来维护自然生态的系统性和完整性，用法律手段杜绝一切有悖于生态文明建设的行为和做法，用法律保障人民群众享有生态产品的权利。

（二）科学立法，保证生态文明建设权威性、严肃性和连续性

当前，生态文明建设法律体系还不完善，生态立法滞后于生态文明建设的需要，必须加强生态文明立法的顶层设计，做到既"硬"又"良"。要着力研究生态文明制度建设面临的新问题，设立新的法律条文，又要

敢于突破与生态文明建设不相适应的旧法律，提高新法律的针对性、及时性、系统性。

根据生态文明建设需要，不断拓展立法领域，形成完善的生态文明建设法律体系，确保良法之治。

（三）严格执法，强化生态文明建设执法监督管理

习近平总书记强调要强化环境保护和生态建设执法监督管理，加大执法力度，严肃查处各种环境违法行为和生态破坏现象，对阻碍和干预环境保护执法的，要严肃追究有关责任人的责任。在2013年中央经济工作会议上，针对屡禁不止的环境违法案件，习近平总书记强调要严格执法，该关停的要坚决关停，要抓紧修订相关法律法规，提高相关标准，加大执法力度，对破坏生态环境的要严惩重罚；要大幅提高违法违规成本，对造成严重后果的要依法追究责任；彰显了对环境违法事件零容忍的坚决态度。

河北：环保铁腕执法示范省[①]
——来自河北省强化环保执法的处罚情况

河北省环保厅日前对三家企业下达按日连续处罚决定书，对企业在秋冬季大气污染综合治理攻坚行动期间存在的环境违法行为进行处罚。

---

① 河北三家企业被按日计罚［N］.中国环境报，2018-06-29（8）.

其中，河北鑫跃焦化有限公司被实施按日连续处罚的时间长达27天，处罚金额2970万元。

2017年9月7日，河北省环保厅环境执法人员对河北鑫跃焦化有限公司进行检查，发现企业原料场未密闭，未办理排污许可证。上述行为违反《大气污染防治法》第七十二条、第十九条的规定，河北省环保厅对企业实施行政处罚110万元。10月4日，河北省环保厅环境执法人员对企业进行复查发现，企业原料煤场烧结料场未做密闭，部分物料苫盖不到位；企业烧结工序无排污许可证，仍在非法排放污染物。依据《大气污染防治法》相关规定，河北省环保厅对河北鑫跃焦化有限公司实施按日连续处罚，处罚起止时间为2017年9月8日至10月4日，共计27天，处罚金额为2970万元。其他两家被实施按日计罚的企业分别为：河北省唐山市迁安轧一钢铁集团有限公司和河北省邯郸市河北华丰煤化电力有限公司。2017年10月20日，迁安轧一钢铁集团有限公司因存在料场大棚没有安装大门；煤场仅有顶棚，四面无墙体，堆存大量煤粉未苫盖；煤棚外路面积尘严重等问题，被处罚10万元。2017年11月6日，执法人员复查发现，企业煤场未密闭，存在扬尘污染。针对企业存在的环境问题未整改，河北省环保厅对企业实施按日连续处罚，按日连续处罚时间为17天，处罚金额为170万元。河北华丰煤化电力有限公司在2017年10月19日，因存在"焦炭棚两端未封闭"问题被处罚10万元；2017年11月6日，执法人员对企业复查发现"焦炭棚两端未封闭，未完成整改"。针对企业存在的问题，河北省环保厅依法对企业实施按日连续处罚，按日连续处罚时间为18天，处罚金额为180万元。

（四）公正司法，维护生态文明建设制度体系的权威

公正司法是维护社会公平正义的最后一道防线，也是维护生态文明建设制度体系的权威性保障，更是推进生态文明建设的必然要求。要使司法的作用在生态文明建设中得以充分发挥，关键是完善促进生态文

明建设的司法制度。

结语

走向生态文明新时代,必须强化法治思维,全面推进科学立法、严格执法、公正司法、全民守法,建立健全符合生态文明要求的法律法规体系,为生态文明建设提供可靠的法治保障。

第四节 途径与措施的进一步突破

习近平总书记在不同场合多次强调要积极推动绿色、循环、低碳发展,提出中国将把推动发展的着力点转到提高质量和效益上来,下大力气推进绿色发展、循环发展、低碳发展,把转变方式有效融入绿色循环低碳发展之中。从可持续发展到绿色、低碳、循环发展,是我党执政理念的创新和提升,是推进生态文明建设的途径和方式,更是加快转变经济发展方式的题中应有之义。

一、"绿色发展、循环发展、低碳发展"的建设新路径

(一)加快发展绿色经济

绿色经济是实现绿色发展的重要内容,发展绿色经济,就是要"推动形成节约能源资源,保护生态环境的产业结构、增长方式、消费模式",其重点任务包括发展绿色能源,进行绿色低碳技术创新,推进产业结构优化升级,积极发展服务经济和知识经济,倡导人与自然协调发展的绿

色文明,在全社会形成绿色可持续的生产生活方式。

(二)大力发展循环经济

习近平总书记指出要大力发展循环经济,促进生产、流通、消费过程的减量化、再利用、资源化。要注意从源头上减少污染,以尽可能小的资源环境成本,获取尽可能大的经济社会效益。

转变发展观念和发展思路,深入开展宣传教育活动,采取多种形式介绍资源情况和节约潜力,提高人们的资源意识和节约意识。循环经济作为转变经济发展方式的重要路径之一,更新观念是推动循环经济实施的重要步骤,只有在观念上深入人心,才能内化为公众的自觉行为。循环经济的发展需要得到公众的支持与认可,必须让公众充分了解我国环境与资源现状对经济发展的制约,加深对循环经济在我国经济发展中的必要性认识。要在全社会树立循环经济理念,建立绿色生产、适度消费、环境友好和资源永续利用的公共道德准则。

秸秆,资源化利用有"良方"[①]
——关于秸秆资源化利用变废为宝的创新示范

中国作为农业大国,目前全国秸秆每年产量9亿多吨,秸秆利用是我国大力发展循环经济的重要方式之一,在我国秸秆综合利用率超过82%。秸秆综合利用是推进农业绿色发展的重要举措。目前我国每年饲

---

① 秸秆利用,下气力培育产业链(农村经济观察)[N].人民日报,2018-07-08(9).

用秸秆约 1.5 亿吨，按营养价值折算，相当于 4000 万吨饲料粮，缓解了饲料粮供给和土地资源压力，有利于解决人畜争粮问题。此外，秸秆中富含有机质、氮磷钾和微量元素，主要农区秸秆连续还田 5 年后，可使土壤有机质平均提升约 0.25 个百分点。2018 年 6 月 15 日，在安徽合肥滨湖国际会展中心，安徽秸秆综合利用产业博览会在这里举行。博览会主角竟然是秸秆，没想到还能七十二变，看得人眼花缭乱。安徽省农业委员会副主任说：“国内外秸秆和畜禽废弃物综合利用的新技术、新模式、新设备、新工艺，涵盖了秸秆利用、秸秆收储运、秸秆文化工艺等全链条。”

多样化利用，秸秆"能小能大"。秸秆不仅能做成冰箱里的保温泡沫、房上的屋瓦、工艺包装袋等，就连盘子、杯子等日常生活经常用到的餐具也能做。"稻壳、稻草、麦秆、玉米秸秆等都能做成餐具，正常使用三四年不会出现损坏。"安徽省长丰县绿之态新材料有限公司负责人介绍，秸秆制成的日用器具安全环保、抗菌抑菌不发霉，广销欧美市场。"农作物光合作用的产物一半在籽实，一半在秸秆，秸秆资源化利用就是找回农业的另一半。"农业农村部科技教育司能源生态处有关领导说。目前，全国秸秆每年产量 9 亿多吨，综合利用率超 82%，秸秆利用方式多种多样，基本形成了肥料化利用为主，饲料化、燃料化稳步推进，基料化、原料化为辅的综合利用格局。除了做小物件，秸秆还能发挥大作用。在安徽阜阳市宏桥建材有限公司的展位前，摆放着数张课桌椅，其板材由秸秆压制而成。"零甲醛，健康安全是我们的特色。"公司负责人张中成介绍，每 3 吨秸秆原料能合成 1 米^3 的板材。"以草代木，不仅避免了秸秆焚烧的环境污染问题，而且减少了木材的使用量。"一株直径达 1.2 米的巨大灵芝颇为显眼，一打听才知道，这株大灵芝竟是用秸秆"种"出来的。安徽天都灵芝制品公司负责人丁伦保介绍："这是全国最大的灵芝，第一次展出，价值上百万元，它就是用秸秆做基料栽培出来的。"丁伦保还带来了竹荪、猴头菇、虫草等高档食用菌。"秸秆做基料栽培的菌菇，深受消费者欢迎，带动了当地贫困户增收。"数据显示，安徽是农业大省和粮食生产大省，农作物秸秆资源丰富，年收集量可达4800万吨左右。2017年，全省秸秆综合利用率87.3%，产业化利用量占利用总量的27.59%。2018年共有8大展区，492家企业参展，参展产品1000多种，96个项目集中签约，签约总金额275亿元。

秸秆产业链，为生态农业注入新活力。收割机在前面收割小麦，秸秆捡拾打捆机在后面将麦秸捆扎成捆。河南省宁陵县华堡镇胡庄村，秸秆捡拾打捆机穿梭在田间，成捆的麦秸从机器后部"吐"出来。豫东牧业开发有限公司是当地养殖企业，每年冬季都因牛羊饲养草料不足而发愁。一年前购置了一台自动打捆机，每小时作业6～10亩，每亩能捡拾麦秸500千克，还可加工成牛羊等牲畜饲养草料。截至2018年6月19日，全国大规模小麦跨区机收基本结束，机收比例达95.5%，创历史新高。今年联合收割机普遍配备了秸秆切碎抛撒装置，各地推行小麦联合收获—麦秸抛撒覆盖还田—夏玉米免耕播种等绿色作业模式，河南、安徽、山东等地秸秆离田还田率超过90%。"秸秆离田利用必须得规模化，建立完善的收储运体系。"农业农村部可再生能源新材料与装备重点实验室主任认为，现在各地的秸秆产业链已经有序运转起来。秸秆产业是新兴产业，鼓励和引导秸秆产业的发展，要树立大农产品观念，把农作物秸秆当做农产品一样看待，在收储运、循环利用以及市场服务等产业链环节上下功夫，把秸秆产业做大做强。"与发达国家相比，我国秸秆综合利用仍处于初级阶段，产业化程度低，技术基础相对薄弱。"农业农村部科技教育司副司长说，在推进秸秆综合利用过程中，需要进一步加强科技创新，不断扩大技术应用范围，为生态农业注入新活力。

（有删改）

（三）促进低碳经济发展

关于如何促进低碳经济发展，习近平总书记指出："要控制能源消费总量,加强节能降耗,支持节能低碳产业和新能源、可再生能源发展,确保国家能源安全。"这有两方面含义:一是加快发展低碳产业,低碳产业是以低能耗、低污染为基础的产业,主要特征是低能耗、低污染、低排碳,而低碳产业的发展关键在于低碳技术的发展。因此,发展低碳产业,归根结底就是要发展节能减排技术,用先进技术改造交通、电力、采掘等传统高污染、高排放产业,实现产业的低碳化发展。二是积极开发太阳能、风能、生物质能、核能、地热能、氢能、海洋能等新能源和可再生能源。当前我国新能源发展规模不断扩大,太阳能产业、光伏产业、风电产业产值均位于世界前列,国家对新能源和再生能源产业的发展支持力度也不断增强,实施了《中华人民共和国可再生能源法》,制定了可再生能源发电优先上网、全额收购、价格优惠及社会公摊的政策,建立了可再生能源发展专项资金,支持资源调查、技术研发、试点示范工程建设和农村可再生能源开发利用,发布了《国家中长期科学和技术发展规划纲要(2006—2020年)》,编制完成了《可再生能源中长期发展规划》,低碳经济发展环境逐渐优化。

二、"多方位"建设的新措施

党的十八大以来,以习近平同志为核心的党中央结合我国社会主义生态文明建设的新实践,提出了一系列更为系统、明确的生态文明建设措施。具体而言,主要包括以下几个方面的内容:第一,正确处理经济发展与环境保护的关系。习近平总书记明确指出:"要正确处理经济发展同生态环境保护的关系,牢固树立保护生态环境就是保护生产力、改善生态环境就是发展生产力的理念。"[①]他的这一论述,拨开了我们处理生态环境和发展生产力关系的迷雾,是对马克思主义生产力理论的

---

① 中共中央文献研究室. 习近平关于全面深化改革论述摘编[M]. 北京:中央文献出版社,2014.

重大发展，是我国现阶段加强生态文明建设的重要理论指南。第二，强调以系统工程思路抓生态文明建设，坚持把重点突破和整体推进作为工作方式。习近平总书记明确强调："环境治理是一个系统工程，必须作为重大民生实事紧紧抓在手上。"① 为此，中国共产党提出了一系列生态文明建设的思想，如牢固树立生态红线意识，严守生态红线；着力解决损害群众健康的突出环境问题；坚守生态建设"源头严防、过程严管、后果严惩"等相关政策的原则。2015 年，国务院颁布的《关于加快推进生态文明建设的意见》（以下简称《意见》）也明确强调，既要着力解决对经济社会可持续发展制约性强、群众反映强烈的突出问题，同时还要着眼长远，加强顶层设计与鼓励基层探索相结合，持之以恒全面推进生态文明建设。第三，加强生态文明的法治建设。生态文明建设离不开法律的保障，党的十八届四中全会提出了全面推进依法治国的总方略，也必将为生态文明法治建设提供重要支撑。第四，弘扬和培育生态文化。《意见》更是明确提出要"弘扬生态文化""坚持把培育生态文化作为重要支撑""积极培育生态文化、生态道德，使生态文明成为社会主流价值观，成为社会主义核心价值观的重要内容"和"将生态文化作为现代公共文化服务体系建设的重要内容"等。第五，健全生态文明建设领导体制和工作机制。《意见》专门就"生态文明建设的组织领导问题"做出了明确交代，指出健全生态文明建设领导体制和工作机制，勇于探索和创新，推动生态文明建设蓝图逐步成为现实，主要包括强化统筹协调、探索有效模式、广泛开展国际合作、抓好贯彻落实。第六，坚持把深化改革和创新驱动作为基本动力。《意见》明确指出要坚持把深化改革和创新驱动作为基本动力。第七，加大自然生态系统和环境保护力度。《意见》明确指出要加大自然生态系统和环境保护力度，

---

① 中共中央宣传部. 习近平总书记系列重要讲话读本（2016 年版）[M].北京：学习出版社，人民出版社，2016.

切实改善生态环境质量，具体而言，就是应该保护和修复自然生态系统、全面推进污染防治、积极应对气候变化。第八，加强生态文明建设统计监测和执法监督。《意见》明确指出要加强统计监测、执法监督，为推进生态文明建设提供有力保障。

结语

坚持以深化改革为加快推进生态文明建设的动力，就是强调我们要充分发挥市场在资源配置中的决定性作用，更好地发挥政府的作用；坚持以创新驱动为加快推进生态文明建设的动力，就是强调我们必须不断科技创新，调整优化产业结构和发展绿色产业，提高发展质量和效益。因此说改革就是动力，就是实现美丽中国的关键因素。

第六章

"美丽中国"新进展

第一节　生态文明持续推进

一、丰富和发展了马克思主义生态思想

马克思恩格斯认为人与自然有三层关系：包括人对自然的依赖、人对自然的改造和人对自然的尊重。

第一，依赖自然。人是自然界长期发展的产物，而自然界也是人类生存和发展的基础。恩格斯指出："我们连同我们的肉、血和头脑都是属于自然界和存在于自然之中的。"人是自然界组成的一部分，是自然界发展到一定阶段的产物，其生产生活活动都依赖于自然界。同时，"自然界，就它自身不是人的身体而言，是人的无机的身体。人靠自然界生活"。

自然界是人类生存和发展的物质生活资料的源泉，它为人类提供了

生存和发展的外部环境，人类依赖自然界而生活，其生存与发展都离不开自然界，自然界是人类生存和发展的基础。从人与自然辩证关系思想的基础上看，建设"美丽中国"，进行生态文明建设，丰富和发展了马克思主义的自然观。

第二，改造自然。人类具有能动性，可以依靠生产生活活动规律能动地利用自然界、改造自然界。虽然人类依赖于自然界而存在，但并不意味着人类在自然界面前可以为所欲为。恩格斯指出："我们对自然界的全部统治力量，就在于我们比其他一切生物强，能够认识和正确运用自然规律。"人类具有独立思考的能力，意识水平高于其他动物，可以通过劳动从自然界获得物质生产生活资料，通过规律认识自然，使自然界更好地为人类生产生活服务。劳动是人类与自然界进行物质资料交换的手段，因为人类具有意识而使自身同动物直接区别开来，劳动使人从自然界中进一步分离出来，人类通过劳动实现物质资料变换，实现了人与自然的统一，体现了人类对自然的能动性利用。

第三，尊重自然。人类虽然具有能动改造性，但这种对自然的利用和改造必须尊重自然规律。马克思、恩格斯认为人类在能动地认识自然和改造自然的同时，其生产生活行动也受自然规律制约。

人类从属于自然，生产生活活动不能凌驾于自然之上，因此我们不要过分陶醉于我们人类对自然界的胜利。总之，人类与自然界的关系要建立在以维护自然生态为前提的实践基础上，既要重视人对自然的主体性，也要重视自然对人的制约性，人类获取物质生产资料的行为要尊重自然规律。

二、丰富了新时代中国特色社会主义理论体系的新内涵

党的十九大宣告中国特色社会主义进入了新时代。习近平新时代中国特色社会主义思想坚持以马克思主义为指导思想，谱写新时代的新篇章，实现了马克思主义与中国具体实践相结合的又一次飞跃，开辟了马克思主义新境界，新高度。习近平新时代中国特色社会主义思想是我党深化对共产党执政规律、社会主义建设规律、人类社会发展规律的认识，深刻回答了新时代坚持和发展中国特色社会主义的一系列重大问题，开辟了中国特色社会主义新境界。

在习近平新时代中国特色社会主义思想中，首次提出为把我国建设成为富强民主文明和谐美丽的社会主义现代化强国而不懈奋斗，美丽的社会主义现代化强国建设无疑是对新时代中国特色社会主义理论体系内涵的丰富。为了更好地实施美丽中国战略，必须把建设生态文明放在主体地位，将经济、政治、文化、社会各方面的发展和进步结合起来，把中国特色社会主义的建设推进到更完善的境界，这也是对我国现代化建设提出的更新、更高的要求。要想将生态文明建设融入到中国特色社会主义"五位一体"总布局中，就必须加快进行生态文明体制改革、建立生态文明制度、健全生态环境保护的体制机制、继续实施保护环境保护资源的国策，只有这样，才能为建设美丽中国添砖加瓦。

党的十九大报告对生态文明建设有了进一步的强调，甚至在修改党章的时候把建设富强、民主、文明、和谐、美丽的中国，作为目标之一写进去。显然，把"美丽"两个字加上，跟生态文明相一致。社会主义

现代化奋斗目标从"富强民主文明和谐"进一步拓展为"富强民主文明和谐美丽"。增加了"美丽",经济、政治、文明、社会、生态文明建设"五位一体"总体布局与现代化建设目标有了更好的对接。美丽对应的是生态建设,我们国家不仅经济要富足,政治要民主,社会要和谐,人民的精神要文明,最重要的还有一条——"美丽中国"建设。因此,建设"美丽中国"丰富了新时代中国特色社会主义理论体系的新内涵。

三、生态文明制度"四梁八柱"基本形成

习近平总书记在对全国生态文明建设工作推进会议上作出重要指示,要尽快把生态文明制度的"四梁八柱"建立起来,把生态文明建设纳入制度化、法治化轨道。如果说把生态文明体制机制改革比喻成建房子,那就需要建立和完善一系列制度作为根基,先搭起房子的"四梁八柱",有了"四梁八柱"就可以在上面添砖加瓦。考虑到生态文明体制机制缺乏顶层设计,总体来看生态文明体制改革相对滞后,至少是滞后于经济体制改革的。2015 年,党中央、国务院专门制定了《生态文明体制改革总体方案》,这个总体方案明确了生态文明体制的"四梁八柱",设计了"八项制度"。

习近平总书记指出的生态文明制度的"四梁八柱"是指《生态文明体制改革总体方案》中提出的 8 项制度:一是健全自然资源资产产权制度,二是建立国土空间开发保护制度,三是建立空间规划体系,四是完善资源总量管理和全面节约制度,五是健全资源有偿使用和生态补偿制度,六是建立健全环境治理体系,七是健全环境治理和生态保护市场体系,八是完善生态文明绩效评价考核和责任追究制度。目标已明确,关键看落实。

结语

生态文明建设是"五位一体"总体布局和"四个全面"战略布局的重要内容。习近平总书记持续推进生态文明建设,立足新时代中国特色社会主义最大的生态国情,丰富和发展马克思主义生态思想,为把我国建设成为富强民主文明和谐美丽的社会主义现代化强国而不懈奋斗,努力走向社会主义生态文明新时代。

第二节 绿色发展成效显著

绿色发展的理念与中国特色社会主义事业的总体布局中关于生态文明建设的要求是内在一致的。党的十八大以来的五年,党和国家坚定不移贯彻创新、协调、绿色、开放、共享的发展理念,"生态文明建设成效显著。大力度推进生态文明建设,全党全国贯彻绿色发展理念的自觉性和主动性显著增强,忽视生态环境保护的状况明显改变。生态文明制度体系加快形成,主体功能区制度逐步健全,国家公园体制试点积极推进。全面节约资源有效推进,能源资源消耗强度大幅下降。重大生态保护和修复工程进展顺利,森林覆盖率持续提高。生态环境治理明显加强,环境状况得到改善。引导应对气候变化国际合作,成为全球生态文明建设的重要参与者、贡献者、引领者。"①

一、确立生态文明突出地位

在推进中国特色社会主义生态文明建设中出现了很多棘手问题，面临许多严峻的、亟待处理的现实挑战。这些现实问题和严峻挑战严重影响到人与自然、社会关系的和谐共存，对我国乃至全人类生态环境的可持续发展产生影响，以及对我国国际的影响力、国际地位的提升和软实力的增强都构成了威胁。而当前大力推进中国特色社会主义生态文明建设，不仅有助于人与自然、社会的和谐共存，有助于中国特色社会主义现代化事业的发展，有助于我国乃至全人类生态环境的可持续发展，更有助于我国国际的影响力、国际地位的提升和软实力的增强。

把生态文明建设放在突出地位，融入经济建设、政治建设、文化建设、社会建设各方面和全过程，努力建设美丽中国，实现中华民族永续发展。将生态文明建设纳入中国特色社会主义事业总体布局，进一步强调了生态文明建设的重要作用，把生态文明建设放在突出地位，是全面建成小康社会的必然要求。全面建成小康社会，不只是一个经济目标，更是一个经济、政治、文化、社会、生态全面协调发展的目标；不只是衡量国家富强、民主、文明、和谐的目标，更是衡量人民生活水平、生活质量的目标。生态文明是经济发展、社会和谐、民生改善的汇聚点，良好的生态环境、人与自然的和谐发展以及可持续发展的能力，是全面建成小康社会的基础条件。建设生态文明，才能实现人的全面发展、文明的全面进步、社会的全面和谐，从而确保如期实现全面建成小康社会的宏伟目标。

---

① 习近平.决胜全面建成小康社会夺取新时代中国特色社会主义伟大胜利——在中国共产党第十九次全国代表大会上的报告[N].人民日报，2017-10-28.

二、将生态文明纳入"五位一体"总体布局

党的十九大报告指出,在中国特色社会主义新时代,我们要继续统筹推进"五位一体"总体布局,即全面落实经济建设、政治建设、文化建设、社会建设、生态文明建设。党的十八大后,习近平总书记多次强调了它的重要性,并在党的十九大报告中明确承认其总体布局地位。它提出于党的十八大,也是"新时代中国特色社会主义思想"重要组成部分。另外,邓小平同志在改革开放之初,就提出"两个文明"一起抓的战略布局;继后,江泽民同志在物质文明、精神文明、政治文明三个文明一起抓的基础上提出中国特色社会主义经济、文化、政治"三大纲领"的战略布局;胡锦涛同志更加明确地提出社会主义经济建设、政治建设、文化建设、社会建设"四位一体"战略布局。"五位一体"的总体布局显然是"四位一体"战略布局水到渠成式的深化。

将生态文明纳入"五位一体"总体布局,是确保我国经济社会可持续发展的迫切需要,良好的生态环境是生存之基、发展之本;将生态文明纳入"五位一体"总体布局,是实现全面建成小康社会的必然要求,生态文明的建设也是衡量全面建成小康社会的重要维度和指标;将生态文明纳入"五位一体"总体布局,是解决新时代我国人民日益增长的美好生活需要和不平衡不充分的发展之间的矛盾的关键;将生态文明纳入"五位一体"总体布局,是向世界彰显中国负责任勇担当的大国形象,为世界人民创造良好生产生活环境,为全球生态安全做出贡献。

三、谋划了社会主义生态文明新时代

党的十九大报告指出,中国特色社会主义进入新时代。面向社会主义生态文明新时代,报告确立了建设"美丽中国"这一更加明确的新目标,赋予了更加深刻的新内涵,明了更加艰巨的新任务。报告提出,到2035年生态环境根本好转,美丽中国目标基本实现,到本世纪中叶

把我国建成富强民主文明和谐美丽的社会主义现代化强国，我国生态文明将全面提升。"美丽"强国的奋斗目标，为社会主义现代化强国建设注入了新活力，顺应了人们对美好生活的向往和追求。

习近平总书记总结历史经验，从人类社会发展规律的高度深刻指出：历史地看，生态兴则文明兴，生态衰则文明衰。人因自然而生，人与自然是一种共生关系，对自然的伤害最终会伤及人类自身。生态文明是人类社会进步的重大成果，是实现人与自然和谐发展的新要求。正是站在实现"两个一百年"奋斗目标和中华民族永续发展的高度上，站在对全人类生存环境高度负责的制高点上，习近平总书记把生态文明建设看做功在当代、利在千秋的事业，谋划社会主义生态文明新时代。

结语

"生态兴则文明兴，生态衰则文明衰"，党的十八大以来，坚持绿色发展理念，将生态文明纳入了"五位一体"总体布局，确立生态文明突出地位，谋划社会主义生态文明新时代。

第三节　环境质量明显改善

生态环境保护取得积极进展，生态文明建设上升为国家战略。党中央、国务院高度重视生态文明建设。习近平总书记多次强调，"绿水青山就是金山银山"，"要坚持节约资源和保护环境的基本国策"，"像保护眼睛一样保护生态环境，像对待生命一样对待生态环境"。李克强总理多次指出,要加大环境综合治理力度,提高生态文明水平,促进绿色发展,下决心走出一条经济发展与环境改善双赢之路。把发展观、执政观、自然观内在统一起来,融入到执政理念、发展理念中,生态文明建设的认识高度、实践深度、推进力度前所未有。

一、节能降耗成效明显

2017年,全国能源消费总量约44.9亿吨标准煤,同比增长2.9%,增速较上年提高1.5个百分点,能源行业呈现"消费全面回升、供给质量提升、结构持续优化、供需总体平衡"等特点。展望2018年,受宏观经济小幅放缓、经济结构转型升级加快、能源消费总量过快增长得到有效控制、能源供需结构清洁低碳化趋势明显等因素影响,预计2018年能源消费增速小幅回落,全年能源消费约45.8亿吨标准煤,同比增长2.1%,增速较2017年回落0.8个百分点,总体呈现"一减两稳一增"态势,即煤炭再次转为负增长、石油和电力稳定增长、天然气快速增长,能源供需宽松格局仍将延续。①

2018年是贯彻落实党的十九大精神的开局之年,也是落实能源发展"十三五"规划承上启下的关键之年,能源行业要全面贯彻党的十九大精神,以习近平新时代中国特色社会主义思想为指导,以人民日益增长的美好生活用能需要和能源不平衡不充分的发展之间的矛盾为突破口,以解决新时代能源行业新矛盾为核心,从"坚持能源规划指导、提高能源供给质量、补齐能源民生短板、深化体制机制改革"四个方面重点着力,为建设美丽中国构建清洁低碳安全高效的能源体系。

---

① 肖宏伟.2017年我国能源形势分析及2018年预测[J].科技促进发展,2017(11).

二、空气质量得到提高

与发达国家同等发展阶段相比,我国环境空气质量改善速度是快的,而且这种改善是在产业结构偏重、能源消费过度依赖以煤为主的化石燃料、单位面积人类活动强度更高的情况下实现的。这说明我国大气污染治理的方向是正确的、措施是管用的。党的十八大以来,党中央、国务院把生态文明建设和环境保护摆上更加重要的战略位置,作出一系列重大决策部署。大气污染防治是生态文明建设的重要内容;加快改善环境空气质量,是人民群众的迫切愿望,是可持续发展的内在要求。习近平总书记多次强调,环境就是民生,青山就是美丽,蓝天也是幸福;要像保护眼睛一样保护生态环境,像对待生命一样对待生态环境;希望北京乃至全中国都能够蓝天常在,青山常在,绿水常在。2018年的《政府工作报告》也提出,坚决打好蓝天保卫战。

我们正以坚定的决心、坚决的行动,出重拳治理大气污染,努力向党和国家、向人民群众交出合格答卷。

2018年7月3日经李克强总理签批,国务院印发了《打赢蓝天保卫战三年行动计划》(以下简称《行动计划》),明确了大气污染防治工作的总体思路、基本目标、主要任务和保障措施,提出了打赢蓝天保卫战的时间表和路线图。

《行动计划》指出,要以习近平新时代中国特色社会主义思想为指导,

认真落实党中央、国务院决策部署和全国生态环境保护大会要求，坚持新发展理念，坚持全民共治、源头防治、标本兼治，以京津冀及周边地区、长三角地区、汾渭平原等区域为重点，持续开展大气污染防治行动，综合运用经济、法律、技术和必要的行政手段，统筹兼顾、系统谋划、精准施策，坚决打赢蓝天保卫战，实现环境效益、经济效益和社会效益多赢。

《行动计划》提出，经过3年努力，大幅减少主要大气污染物排放总量，协同减少温室气体排放，进一步明显降低细颗粒物（PM2.5）浓度，明显减少重污染天数，明显改善环境空气质量，明显增强人民的蓝天幸福感。到2020年，二氧化硫、氮氧化物排放总量分别比2015年下降15%以上；PM2.5未达标地级及以上城市浓度比2015年下降18%以上，地级及以上城市空气质量优良天数比率达到80%，重度及以上污染天数比率比2015年下降25%以上。

《行动计划》提出六方面任务措施，并明确量化指标和完成时限。一是调整优化产业结构，推进产业绿色发展。优化产业布局，严控"两高"行业产能，强化"散乱污"企业综合整治，深化工业污染治理，大力培育绿色环保产业。二是加快调整能源结构，构建清洁低碳高效能源体系。有效推进北方地区清洁取暖，重点区域继续实施煤炭消费总量控制，开展燃煤锅炉综合整治，提高能源利用效率，加快发展清洁能源和新能源。三是积极调整运输结构，发展绿色交通体系。大幅提升铁路货运比例，加快车船结构升级，加快油品质量升级，强化移动源污染防治。四是优化调整用地结构，推进面源污染治理。实施防风固沙绿化工程，推进露天矿山综合整治，加强扬尘综合治理，加强秸秆综合利用和氨排放控制。五是实施重大专项行动，大幅降低污染物排放。开展重点区域秋冬季攻坚行动，打好柴油货车污染治理攻坚战，开展工业炉窑治理专项行动，实施挥发性有机物专项整治。六是强化区域联防联控，有效应对重污染天气。建立完善区域大气污染防治协作机制，加强重污染天气应急联动，夯实应急减排措施。

《行动计划》要求，加快完善相关政策，为大气污染治理提供有力保障。完善法律法规标准体系，拓宽投融资渠道，加大经济政策支持力度。完善环境监测监控网络，强化科技基础支撑，加大环境执法力度，深入开展环境保护督察。加强组织领导，明确落实各方责任，严格考核问责，加强环境信息公开，构建全民行动格局。

三、水环境逐步改善

"十一五"以来全国水环境质量逐步改善。开展水污染防治工作是国家持续打好环境污染防治攻坚战的一项重要内容。国家各级各部门对水污染防治高度重视，以此来解决水环境的突出问题。例如：强化涉水企业的主体责任，通过工艺改造、废水预处理等措施，加快工业污水排放源头治理，绝不能出现无证排污、超范围排污等行为，实现全面达标排放；深入开展城市黑臭水体整治，按照全面推进河长制有关要求，做好污染源排查整治、河道清淤疏浚、黑臭水体截污纳管等工作，逐步恢复水生态；继续推进污水处理、配套管网及雨污分流改造建设，提高污水收集率和再生水利用率，确保污水处理设施稳定达标运行，进一步提升污水处理水平，持续改善水环境质量。通过这些具体的措施，来逐步实现污水的及时处理与整治，使得城市及乡村水环境质量得到进一步改善，为进一步建设美丽中国做出贡献。

浙江：水色晶莹，绿意摇荡[①]

蜿蜒的水系，绵延的山脉，如同血脉、筋骨串联出浙江人与自然的

---

① 绘就美丽浙江新画卷[N].中国环境报，2018-06-29（4）.

和谐共生,见证了浙江生态文明建设的生动轨迹。

杭州桐庐县通过五水共治,全县地表水均达到三类以上。通过治水,桐庐县逐渐拓宽了"两山"理论的践行道路,释放生态红利,推动乡村振兴。下图为桐庐县治水后建设的天然浴场,吸引了大批游人前来游玩戏水。

"浙江作为绿水青山就是金山银山理念的发源地和率先实践地,要深刻领会习近平生态文明思想,切实把思想和行动统一到中央的决策部署上来,全面对标找差距,全面补齐生态环境短板,继续勇当生态文明建设排头兵。"浙江省委书记在2018年6月5日召开的全省生态环境保护大会暨中央环保督察整改工作推进会上强调,要以"八八战略"实施15周年为新起点,真抓实干,克难攻坚,坚决打赢污染防治攻坚战,坚决抓好中央环保督察整改工作,高标准推进生态文明建设,高质量建设美丽浙江。

小浃江是北仑的母亲河,曾因两岸众多企业、村庄的污水直排,而一度成为黑臭河。近年来,北仑在全省率先建设"污水零直排区",实现了污水全部截污纳管,使小浃江重焕"秀美"的神采。有了"污水零直排区"创建经验,北仑区委书记对全省环保大会提出的下一步全省碧水行动的实施,有了更深的理解,"碧水行动中,提出了城市黑臭水体攻坚战、水源地保护攻坚战、近岸海域污染防治攻坚战、农业农村污染治理攻坚战,事实上是对各地截污、治污提出了精细化的要求,只有分门别类制定对策、精准防控,才能守住碧水。"

通过碧水行动,浙江计划到2020年,省控断面达到或优于三类水质比例达到

83%，彻底消除劣五类水体，五类水质断面大幅减少；到2022年，省控断面达到或优于三类水质比例达到85%，县级以上饮用水水源地水质和跨行政区域河流交接断面水质力争100%达标。"水更清"只是浙江未来"美丽"蓝图中的一块。为绘制"天更蓝、地更净、水更清、空气更清新、城乡更美丽、人民更幸福"这一完整蓝图，浙江除实施碧水行动之外，还布局了蓝天保卫战、净土行动和清废行动，坚决打赢污染防治攻坚战。

（有删改）

四、垃圾处置能力提升

2017年在十二届全国人大常委会第三十次会议上，张德江委员长作了关于检查固体废物污染环境防治法实施情况的报告。张德江强调，防治固体废物污染，与大气、水、土壤污染防治密切相关，是生态文明建设和环境保护工作中不可或缺的重要一环，是重要的民生工程和民心工程。固体废物污染法执法检查是本届全国人大常委会在环境保护领域监督工作的持续发力，也是2017年监督工作的重点。据悉，执法检查始终坚持问题导向，内容包括：城乡生活垃圾、工业固体废物和农业废弃物污染防治情况，危险废物监管和进口固体废物管理情况，垃圾分类等配套法规制度的制定和执行情况，固体废物污染防治责任落实和监察执法情况，法律实施中存在的主要问题，修改完善固体废物污染环境防治的意见和建议等。

固体废物污染环境防治法实施20多年来，特别是近5年来，我国加快推进固体废物污染防治基础设施建设，固体废物利用处置能力有了较大提升。危险废物集中处置能力逐年提升。截至2016年底，我国持危险废物经营许可证单位共2149家，危险废物核准利用处置能力达到6471万吨/年，实际利用处置量约1629万吨。城市生活垃圾无害化处理率逐步提升。截至 2016 年底，我国城市共有生活垃圾无害化处理设施 940 座，无害化处理能力 62.1 万吨/天，无害化处理率达到 96.6%。农村环境综合整治力度不断加大，到 2016 年底，全国主要农作物秸秆资源综合利用率接近 82%，畜禽粪污综合利用率达到 60%。

结语

"十三五"期间，生态环境保护机遇与挑战并存，既是负重前行、大有作为的关键期，也是实现质量改善的攻坚期、窗口期。要充分利用新机遇新条件，妥善应对各种风险和挑战，坚定推进生态环境保护，提高生态环境质量。

第四节 生态系统得到休养

党的十八届三中全会提出，要有序实现生态系统休养生息。习近平总书记指出，山水林田湖是一个生命共同体，对山水林田湖进行统一保护、统一修复是十分必要的。中央城镇化工作会议也明确部署，扩大森林、湖泊、湿地等绿色生态空间，增强水源涵养能力和环境容量。

一、森林、湿地等自然生态系统得到休养

要使森林生态系统产生足够的经济收益，不外乎有四条途径，即生产林木和其他林产品的途径、发展林下经济的途径、开展生态旅游和文化康养的途径以及以提供生态产品而获得生态补偿的途径。生产林木和

其他林产品的途径是传统林木取得经济收益的主要途径，但从21世纪初开始，发挥森林的生态功能提到了主要经营目标的高度，木材生产的功能退居其次。世界上几个林业科技较发达国家的经验表明，采用最新的科学成果，包括近自然森林经营的理念及低影响采伐方式，在采伐收获木材的同时维持好林区良好的生态功能是完全可以做得到的。近些年，多地采用开展生态旅游与文化康养的途径，坚持变绿水青山为金山银山的理念，使森林生态系统兼顾生态效益和经济效益。政府部门提出的越来越多的举措，使得各地更加重视对森林及湿地的保护，让森林、湿地等自然生态系统得到休养。

二、农田、城市等人工生态系统得到恢复

人工生态系统是指以人类活动为生态环境中心，按照人类的理想要求建立的生态系统，如农业生态系统、城市生态系统。人工生态系统具有四方面的特点：一是社会性，即受人类社会的强烈干预和影响；二是易变性，即易受各种环境因素的影响，并随着人类活动而发生变化，自我调节能力差；三是开放性，即系统本身不能自给自足，依赖于外系统，并受外部的调控；四是目的性，即系统运行的目的不是为维持自身的平衡，而是为满足人类的需要。所以人工生态系统是由自然环境、社会环境和人类三部分组成的网络结构。人类在系统中既是消费者又是主宰者，人类的生产、生活活动必须遵循生态规律和经济规律，才能维持系统的稳定和发展。城市化是人类社会发展与进步的必然趋势。随着经济技术的飞速发展，城市的数量猛增，而且城市规模变大，不仅出现上千万人口的大都市，而且还向城市群、城市带以及国际性大都市发展。城市化发展过快，规模过大，人类活动对自然界的影响强度和范围都要增加，产生的环境污染、资源匮乏、交通拥塞等城市环境问题也将更为严重。中国的城市化已进入了高速发展阶段，我们必须选择一条可持续发展的

新路——生态城市的道路，来应对日益复杂的问题。近年来，随着市民素质的提高，人们越来越重视对城市环境的保护，城市绿化的面积也越来越大，且资源高度利用，产业结构优化，城市科学规划，城市人工生态系统得到一定的恢复。对于农村来说，合理的耕种以及灌注也使得田地肥力越来越好，农田生态系统也得以恢复。

三、水坝、水库等生态修复工程得到护理

水是生命之源，水质是生态之本，水环境保护事关人民群众切身利益，事关全面建成小康社会，是推进生态文明、建设美丽中国的重要内容。多地全面贯彻落实党的十八大和十八届二中、三中、四中全会及十九大精神，大力推进生态文明建设，以改善水环境质量为核心，按照"节水优先、空间均衡、系统治理、两手发力"原则，坚持"安全、清洁、健康"方针，强化源头控制，对水坝水库进行科学治理。由于一些地方水库库区地处偏远，部门管理较为薄弱，存在"多龙"管不好水的现象。因此，要把水库水源地保护的科学决策落到实处，必须对现有的水库水源地保护执行体制进行改革，建立"力量集中、运转高效、责任明确、协调有力"的执行体制。水库管理局是与库区管理关系最密切的部门。近年来，随着水库供水任务重要性的提高，水库管理局也相应增加了水资源保护方面的职能。总体来看，水库管理局地处水库所在地，有系统完整的水库设计、运行和水文资料，有一定的监测与分析力量，有掌握库区实际情况的优势，可以通过赋予其一定的职能，将其打造成水库水源地保护工作的核心执行机构，使水坝水库等生态恢复工程得到护理。

结语

休养生息是经济社会发展的重大选择。纵观历史，每逢重大变革，为了发展生产、恢复元气，休养生息政策都成为重要选择。进入新世纪，休养生息逐步成为环境保护和生态文明建设的重要理念，被赋予了新的内涵，焕发出新的光彩。

第五节　全民行动更加自觉

党的十八大以来，以习近平同志为核心的党中央谋划开展了一系列根本性、长远性、开创性工作，推动我国生态环境保护从认识到实践发生了历史性、转折性和全局性变化，生态文明建设取得显著成效，进入认识最深、力度最大、举措最实、推进最快，也是成效最好的时期。全社会应当积极参与、同心协力、攻坚克难，加强污染防治监管，杜绝污染源，努力打造优质的生产、生活环境，才能打赢生态环境保护和生态文明建设这场硬仗。我们坚信，只要全民参与、用心呵护，明天就能拥有更美的绿水青山和白云蓝天。

一、群众环保责任意识明显加强

"增强生态共同体观念"是加快中国特色社会主义生态文明建设的重要保障。长期以来我们没有形成一个生态共同体的观念。在这个"生态共同体"中，"不但国家和企业对生态保护负有责任，而且每一个人对生态保护均负有责任",还要努力培养"一种具有环境责任感的环境公民"。只有构建一个生态共同体和命运共同体,人与自然、人与人之间的关系才能和谐共存共生。有学者指出:"生态共同体是人与自然关系的融合建构。"只有政府部门、社会大众、社会组织和全人类等生态文明建设主体都能够树立生态文明共同体的理念,人与自然的关系从"历时态"上讲,才能够实现"从自然共同体、社会共同体到生态共同体"的跨越。只有到了这种深刻反思人与自然关系的地步,人对自然的态度才能实现"从以人类中心主义到非人类中心主义的过程"的转变。而且除了公民,企业作为生态文明建设的主要主体,更需要树立生态文明共同体的观念,否则,生态危机的态势会更加严峻。当前要着重完善和创新企业生态共同体的激励机制、责任机制和约束机制等。

二、市民文明习惯与素质逐渐提升

弘扬生态文明的主流价值观,增强公民的生态文明理念,要着重"加强资源环境国情和生态价值观教育"。当前要积极宣传社会主义核心价值观中关于"文明、和谐"等核心价值理念,引导社会公民秉承生态文明的理念,正确处理好人与自然之间的和谐关系,为构建生态和谐、社会文明的人类共同体夯实力量。此外,要加强对公民进行生态道德教育,从知、情、信、行出发引导和培育社会大众从伦理学的角度来考虑生态文明建设问题。知,就是要向公民宣传生态道德的基本科学常识。情,即生态道德的情感因素和要求,就是要"强化公民对自然的情感体验,唤醒公民对自然的道德情操和道德良知"。信,就是公民的

生态道德信念，培养公民强烈的生态忧患意识。行，这里是指生态道德的时间行为，就是要求引导公民树立良好的生态道德实践行为。总之，通过知、情、信、行四个方面来加强生态文明建设，推进我国生态环境保护迈上新台阶。

三、文明道德模范不断涌现

道德模范是时代精神高度的坐标，是社会主流道德的缩影，是公民普遍道德素养的集中体现。道德模范的道德行为并不是孤立于主流道德之外而存在的，他们被中国社会深厚的道德土壤所涵养，代表着千千万万普通百姓的道德选择，夯实了社会主义道德大厦的根基，道德模范刷新不同时代的精神高度。改革开放四十年以来，经济建设大幅腾飞，人民素质日益提升，各行各业涌现出一大批具有时代特色的道德模范，在不同领域标示了当今中国道德土壤之丰厚。社会需要道德高度，道德模范是一个时代的道德信念和道德追求的符号化象征，正因为他们的存在，他们的闪光，他们的召唤，才连缀出一条清晰的社会主义道德体系的发展脉络。一批批文明道德模范的涌现，用他们数不清的道德行为感动了整个中国，他们用自己一点一滴的实践为当今社会宣示出最美丽的道德图景，广泛地激发起人民群众的道德意识。人人皆可成为道德楷模，在现代社会，做好自己应该做的事，就是最大的道德。今天的道德模范不再"高大全"，没有惊天地的口号，没有抛头颅洒热血的壮举，他们仅仅是普通的公民，他们的道德行为在生活中看得见、摸得着、学得到，却又在平凡之中展现着不平凡。他们的道德选择植根于脚下广袤的道德土壤，同时，又通过自己的实践继续令这土壤更加肥沃，更加厚重，他们用自己的行动践行美丽中国的理念，让更多的人了解并为美丽中国不断奋斗。

以德润心　崇德向善
——让道德模范引领新时代道德建设指向标[①]

2018年5月以来,经过层层审核、广泛投票、综合评定,选出的24个党组织、82名党员、39名党务工作者,是生态环境部200余个党组织、3000余名党员的先进代表。他们有的在平凡岗位上兢兢业业、一丝不苟,有的舍小家为大家,有的在自己的领域中勇于钻研、开拓进取……有一种美丽叫坚守,有一种感动叫责任。他们或许平凡如草、普通如沙,但是他们当之无愧担得起道德模范的称号。

西北督察局督察五处党支部——利刃出鞘铸铁军

时间:2018年6月21日晚

地点:银川市工作驻地

"这里能明显看出,设计图纸中是有这项环保设施的,但企业没按要求建设……"西北督察局督察五处党支部书记李幸福又在带领大家一起分析研究设计图,这已经成为他们的工作习惯和必备技能。如过去一样,这一次参加中央环境保护督察"回头看"又将连续出差一个月,离别家人亲朋对他们而言早已习以为常。督察五处党支部有5名党员,这一次有4名同志成为中央第二环境保护督察组成员,他们始终牢固树立和忠实践行"四个意识",严格遵守督察工作纪律,坚持以人民为中心,紧盯地方党委政府责任落实,以"严真细实快"的工作作风,成为中央环保督察的"利刃"和"狼牙"。

华东核与辐射安全监督站核设施监督二处党支部——核安全战线最前沿的"战斗堡垒"

时间:2018年6月21日 21:30

[①] 学习先进典型 汲取榜样力量——2018年生态环境部"两优一先"一图一故事选编[N]. 中国环境报,2018-07-04(05).

地点：山东海阳核电厂 1 号机组反应堆厂房首次装料现场

2018 年 6 月 21 日晚，夜幕降临，本该是下班回家享受天伦之乐的轻松时刻，但在海阳核电厂 1 号机组首次装料现场，却有两个紧张而忙碌的身影格外引人注目，他们就是华东核与辐射安全监督站核设施监督二处的监督员，在首组核燃料完成装载后，正对源量程探测器和临时堆芯探测器所测得的基准计数率进行仔细核查，以确保全球第二台 AP1000 机组首次装料安全。这只是华东核与辐射安全监督站核设施监督二处党支部党员同志无数个工作日夜的一个掠影。

监督二处党支部坚持以党建促业务，争创核安全监管示范"窗口"，总结形成"五步工作法"，提升监督出实效。以 AP1000 机组监督为例，自开工以来，监督二处共组

织 100 多次监督检查，调试试验监督选点 676 个，提出了近 1000 项监督要求，有多人一年出差天数超过 220 多天。综观核电厂监督，无论是检查次数还是监督要求数量，无论是监督人力投入还是监督见证点数量，均在国内核电厂的监督实践中创下多个第一。

正是这样的核安全战线最前沿的"战斗堡垒"，造就了华东辖区内核设施保持"零"事故记录，为华东地区的经济发展和社会稳定提供了有力保证。

华南核与辐射安全监督站第一党支部——群"星"闪烁的党支部
时间：2018 年 3 月 22 日
地点：华南核与辐射安全监督站"每季一星"公告栏

华南核与辐射安全监督站第一党支部是一个能吃苦、能奉献、能战斗的团队。为彰显当代共产党人信仰坚定、勇于担当、创新奉献的精神，党支部制定《"每季一星"评选办法》。通过"笃学慎行""敬业奉献"和"仁诚善礼"三方面，在身边的党员中寻"明星"，用平凡故事讲述深刻道理，宣传先进，传递正能量。

今年 3 月 22 日，该评选办法实施一周年，支部共评选出 4 位"明星"。支部党员杨洋冒着狂风暴雨、泥泞塌方的危险，为摸清强降雨天气对铀矿冶项目安全影响穿行在深山丛林之间；马凤金长期与爱人分居两地，结婚 7 年聚少离多，但为了核电安全运行，她独自带着年幼的孩子常年驻守核电现场，春节因值班无法与家人团聚，但她无怨无悔；李长丰虽然年轻，但能沉下心来钻研业务，深入一线积累监督经验，通过思考和总结，编写监督程序和培训课件，与他人分享，共同学习成长……榜样始于平凡，正是这些"明星"的执着坚守和对事业的忠诚担当，使他们在微毫中绽放、在平凡中伟大。

这一年来，支部通过寻找"明星"、宣传"明星"，营造了见贤思齐、争先创优的良好氛围；党员领导干部身先士卒，以实际行动做榜样，支部书记被评为部"两学一做"优秀党员，副书记被评为省直机关优秀党员。星星之火可以燎原，发挥党员先锋模范作用，能不断增强支部党建活力，激励党员履职有为、建功立业。

中日友好环境保护中心环境管理研究所党支部——改制 转型 拓新

"农村生活垃圾治理是党的十九大提出乡村振兴战略的重要内容之一，建立源头减量的农村生活垃圾治理新模式，可以较大程度减轻垃圾末端治理压力，缓解现行模式带来的环境、经济、社会影响。""防范与化解'邻避'风险是打好防范化解重大风险攻坚战的重要任务，解决'邻避'问题的核心要义是要过'群众关'。过好'群众关'，需要先过好四道关'科学关、民意关、利益共享关和监管关'，最终走法制化的路子。"2018年4月，在中日友好环境保护中心党的十九大精神学习"五大活动"之"大讨论"中，环境管理研究所党支部书记王亚男、支部委员刘海东两位同志分别以《乡村振兴战略》和《防范化解社会风险》为主题作了汇报，受到了来自中央和国家机关工委领导和参会代表的一致认可。

中国环境报社经营党支部——添一丝温暖 聚一份力量

时　间：2018年3月26日

地点：环境大厦"地球站"旧衣回收箱

2018年3月26日上午十点，中国环境报社经营党支部的全体党员在环境大厦门口的"地球站"

旧衣回收箱旁排起了长队,大家手里还拎着大包小包,在即将开始的捐赠活动上,他们要将自己的爱心投递出去。

这次由中国环境报社经营党支部开展的学雷锋爱心捐赠活动受到了大家的积极响应和支持,除了支部的全体党员,入党积极分子和群众也自发参与了捐赠。大家把家里的旧衣服、书籍、孩子的玩具分类整理好带到报社,少的六七件,多的十几件,有的直接带了一个行李箱,捐赠物品挤满了办公室。出差在外的同志也表达了爱心,提前准备好了捐赠的衣物。捐赠活动现场,大家按照顺序,将衣物分类投入了"地球站"旧衣回收箱。80件衣服、52本图书、16件玩具,原本的空箱子,一下子被塞得满满的。这些物品经过清洗、整理、消毒等处理后,将通过义卖、捐赠及回收再利用等方式惠及弱势群体。

"既能推进闲置物品物尽其用,又能补助弱势群体的生活需要,我们要经常组织这样的活动。"经营党支部书记师兆铭说。近年来,中国环境报社经营党支部开展了为云南贫困山区孩子捐赠学习用品、为重病孤儿捐赠物资等扶贫助困捐赠活动,组织所有党员和入党积极分子捐款捐物,在增强党组织凝聚力的同时,促进广大党员积极参加公益活动,传递了积极向上的正能量。

中国环境出版有限责任公司第五党支部——埋进书山做"嫁衣"

时间:2018年6月12日 20:00

地点:中国环境出版有限责任公司某编辑室

第六章 "美丽中国"新进展

高高垒起的书稿，埋头工作的身影，这是中国环境出版有限责任公司一个编辑室中的场景。她们是出版集团第五党支部的几名年轻党员。

这样的场景，是她们日常最真实的写照。偶尔抬头讨论选题，更多是低头埋入书海；有时也穿梭于设计、印制、发行人员中间为每一本书的细节把关；又或者随时接起电话，回答作者和读者的询问，当好"桥梁"。加班是常态，以至经常要被大楼物业管理人员"驱赶"。这就是一个图书编辑的日常，辛苦并快乐着，这一切都源于对出版优秀作品的一份责任。

作为环境出版社的编辑，她们将选题开发聚焦于环保，服务于中心工作，跟踪最前沿的理论探索和实践经验，向社会普及环保知识，她们用图书架起了一座相互沟通的绿色桥梁，将环保理论应用于实践，让环保理念深入人心。编辑是书的间接创造者，为他人作嫁衣裳，工作藏在幕后，辛苦不为外人知。编辑的成长需要时间的磨炼，这种磨炼是磨耐心、磨心智、磨感悟，不仅需要不断学习的储备、策划选题的灵感，更需要宁神静气编辑稿件的静默，这就是她们的日常，波澜不惊，却尽在掌握。

（有删改）

结语

建设"美丽中国"是党和国家及各族人民不可懈怠的艰巨任务,全民越来越重视生态环境的关键性作用,越来越意识到生态文明建设的战略性、全局性和科学持续性。保护环境意识深入人心,外化于行。生态文明建设进入认识最深、力度最大、举措最实、推进最快,也是成效最好的时期。

第七章

"美丽中国"新内涵

第一节 治理理念的科学化

习近平总书记在党的十九大报告中指出我们要建设人与自然和谐共生的现代化。人与自然和谐共生的理论深刻揭示了新时代人与自然的关系。人类与自然休戚与共，任何破坏自然的行为都将给人类带来毁灭性的后果，当前自然的承受力已经接近临界，自然资源近乎枯竭，生态治理极为紧迫，人类不仅要刻不待时地投入到生态治理中，并且要在治理实践中积极探寻使经济发展与生态保护协调统一的发展方式。

一、倡导可持续发展理念

可持续发展的内涵是指既满足当前时代人们的基本需求，又实现社会的永续发展。意即我们在达到经济发展的目的的同时，既要保护好我们所依托的自然资源和环境，又能够满足现代人的基本需求，还能够造福子孙后代。可持续发展并不单指环境保护，环境保护是可持续发展的重要方面，发展经济是可持续发展的核心，但是要发展经济必须在保护自然环境、合理利用自然资源的前提下进行才能够实现社会的健康有序发展。

百事公司：坚持推进可持续发展战略，携手共建美丽中国[①]

百事公司作为最早进入中国的全球饮料和食品行业的领导者之一，一向十分重视并致力于环境的可持续性发展。2016年10月，百事公司

[①] 绿色引领食品行业　携手共建美丽中国 [N].中国环境报，2018-06-20（8）.

推出了"2025可持续发展日程",以促进业务的持续增长,回应不断变化的消费者和社会需求。这些全新目标是继2006年来百事公司长达十年的"百事公司承诺"的延续。而"保护我们的地球"是百事公司"2025可持续发展日程"的三项核心重点之一,即通过改善运营效率以及与供应商和商业合作伙伴共同协作,来降低对环境的影响,保护自然资源。经过多年的努力,百事公司在中国的环境可持续发展已经成为行业的典范。百事公司一直把环境可持续发展的理念融入到其生产的各个环节,如生产设施、设备和包装等。百事公司节能、环保技术的应用,不仅可以减少长期运营成本,同时作为跨国企业履行了保护当地生态环境的承诺和行动,共建美丽中国。

精心开垦沙漠,收获"三赢"效果。为满足薯片生产对土豆原材料高品质的要求,百事公司自1999年起在内蒙古达拉特旗等地建立了土豆农场,通过投资设备和专业技术开始对沙漠进行改良。百事公司在农场周边修缮了道路,通上电,并种植固沙效果好的沙柳以及防风的杨树。在土豆收获后,为保持水土和表层土壤,百事公司坚持种植冬小麦等过冬作物,以保证来年春天的沙尘暴不把土壤吹走,同时还可以增加土壤有机质，提高土壤肥力，并为示范农场引进了有效节水的滴灌和喷灌模式，较传统的漫灌模式节水可高达50%。通过多年的精心开垦，百事公司把沙漠变成了土豆高产田，既确保了薯片原料的供应和保障了土豆的品质，又履行了企业社会责任，获得了"三赢"效果，即"环境赢"——农场改造了沙漠化的土地，减少了沙漠威胁；"百事赢"——生产出高质高量的土豆，保证了公司原料供给和产品品质；"农民赢"——公司通过订单农业、合同采购、辐射带动等方式使周边的农民获益，取得了良好的社会效益。百事公司改善环境、种植土豆、扶助农民的"三赢模式"，以及在中国推动可持续农业发展所做出的努力也获得了各相关部门、领导的充分肯定和鼓励。全国十余个省的农业专业技术和管理人员也对"三赢模式"经验进行了考察和分享。

  注重节能减排，践行绿色发展。百事公司在生产过程中积极使用清洁能源和再生能源，依托绿色工厂实施节水节能方案，同时负责任地减少排放，并对固体废物循环利用。百事大中华区一贯积极响应国家最新环保政策的要求。当北京市政府在2014年提出提高当地直排标准的要求时，公司在第一时间即予以响应。2015年，公司投资700万元人民币，对所涉及的北京食品厂的污水系统进行了升级，并在当年年底完成了升级改造。

  捐建"母亲水窖"，关注饮水安全。除生产中节约用水外，百事公司大中华区也一直关注所在社区安全用水的问题。截至2017年，通过与中国妇女发展基金会"母亲水窖"长达17年的合作，百事公司基金会、百事公司大中华区及员工已捐资超过5500万元，共建水窖2300多口，新建或升级改造小型安全饮水工程200多处，修建校园安全饮水工程125处，培训农村群众18万余人；项目已经惠及了包括四川、云南、甘肃、贵州、广西、河北、内蒙古、青海、重庆及陕西在内的10个省、区、市的90万人。

（有删改）

构建美丽中国是一项艰难而具体的工程，包含生态文明建设、精神文明建设、经济产业转型、城镇化建设等方方面面。党的十九大报告中将美丽与富强民主文明和谐共同列入中国特色社会主义总目标中，将建设生态文明作为新时代中国特色社会主义事业的一项重要任务，这充分体现了生态文明建设的迫切性及建设美丽中国的伟大意义。

二、坚持以人民为中心

党的十九大报告也对坚持以人民为中心的思想的深刻内涵加以表述："人民是历史的创造者，是决定党和国家前途命运的根本力量。必须坚持人民主体地位，……践行全心全意为人民服务的根本宗旨。"坚持以人民为中心的思想体现了我党始终将人民群众放在第一位，本着一切服务人民的原则建设人民群众满意的期盼的社会主义。

党的十九大报告中指出我国当前的主要矛盾是人民日益增长的美好生活需要和不平衡不充分的发展之间的矛盾。社会主要矛盾的转变也是当前时代的一个重要变化，主要矛盾的转变源于我国的经济发展和综合国力的提升。随着国家综合国力的增强，人们生活水平的提高，人民对美好生活的追求日益广泛，不仅对物质生活有了更高追求，而且在精神文化、社会治理、司法秩序、生态环境等方面，尤其是对良好生态环境的追求更加强烈，这也赋予了生态文明建设新的历史使命。社会主要矛盾的变化对建设生态文明、构建美丽中国提出了更高的要求，也时刻提醒我们走永续发展的道路就必须始终坚持以人民为中心，从人民群众中汲取发展的智慧和力量。要始终将人民群众放在首位，人民是发展的主体，发展的成效必然要由人民群众来检验和评判，坚持人民衡量标准，要把人民满意度作为衡量发展成效的根本标尺。在生态文明建设中，积极实现在生态保护与经济发展协调统一的发展方式的同时增强人民群众的获得感和满足感，使社会发展符合客观要求，经得起群众检验。

三、强化"生态文明"新的生产力

党的十八大以来，习近平总书记一直强调，建设生态文明是中国特色社会主义发展的重要内容。在党的十九大报告中又深化了保护生态环境就是保护生产力、改善生态环境就是发展生产力的理念，这既深刻诠释了生态环境与生产力两者的关系，也揭示了生态文明这一生产力的重要价值。改革开放以来，我国的经济迅速发展，人们生活水平显著提高，但就像西方国家在经历了工业奇迹过后所面临的生态危机一样，我国在发展经济过程中对资源大肆开采、对环境污染消极治理，伴随着经济的迅猛发展，不可避免的生态危机随之而来，与人们息息相关的自然环境严重污染，这种生存现状不仅警告人们保护环境刻不容缓，更警示国家生态治理刻不待时。破坏生态的危害已经十分明显，作为自然界的一分子，我们在生产生活中必须时刻考虑自然生态的承受力，新时代在发展经济、发展生产力过程中必须以建设美好生态家园为前提。新时代的社会发展不仅仅指经济总量的增长，还包含了建设文明生态环境的要求，强化"生态文明"是新的生产力这一理念对加强生态文明建设，构建美丽中国具有重要意义。

建设美丽中国要求我们在实践中必须走生态文明建设与经济建设的互利共赢之路。生态文明建设与经济建设的关系问题也是中国当前亟须解决的最为重大的时代课题，也就是习近平总书记反复强调并论述的"绿水青山"与"金山银山"关系的问题。习近平总书记提出的"绿水青山就是金山银山"的绿色发展理念是生态文明生产力丰富内涵的一部分。"绿水青山"是指生态文明建设及其所取得的成果，"金山银山"是指经济建设及其所取得的成果。生态文明建设是指通过对人与自然关系的调整来实现人与自然的全面协调、持续发展的过程，它的目的是实现生态良好；经济建设则是指通过对自然的认识与改造以满足国家经济发展需要的过程，它的目的是实现生产发展。生态文明建设与经济建设作为中国特色社会主义总布局的重要组成部分，两者互为条件、相互促进。生态文明建设是经济建设的前提与载体，没有适合而良好的生态环境与生态系统，社会的经济建设就难以正常进行；经济建设是生态文明建设的基础与保障，生态文明建设需要大量的资金投入。

结语

脱离生态文明建设来搞经济建设是竭泽而渔，而离开经济建设只抓生态文明建设是缘木求鱼，只有使生态文明建设与经济建设相辅相成、相得益彰，才是良策。强化生态文明新的生产力的理念，是为了更好地达到人与自然的和谐共进与协调发展，既努力实现生态良性循环和资源永续利用，又注重创造更多的物质财富，提高经济增长指标，即实现社会的更高水平、更有质量的发展，这在实践中为我们正确处理生态文明建设和经济建设的关系指明了方向。

第二节　治理主体的全民化

生态文明建设同每个人息息相关，建设绿色家园是每一个社会成员的责任和使命，每个人都应该做生态文明建设的参与者、践行者、推动者。优美生态环境为全社会共同享有，需要全社会共同参与、共同治理、共同优化。必须加强生态知识和生态意识的宣传教育，强化公民环境意识，推动形成节约资源、优化环境、健康持久的生活方式和生产方式，形成全社会共同参与的良好风尚,把建设美丽中国化为全体人民的自觉行动。

一、"生态文明"是全民性工程

生态环境问题与我们的生产生活密切相关,面对严峻的生态危机,党中央提出创新社会治理体制,加快生态文明建设的总要求,更加强调生态文明建设是一个全民性的工程,需要全社会的共同参与。

在生态文明建设中,强调全民参与具有十分重要的积极意义。首先,公民参与到生态文明建设中有利于保障公民权利的实现。公民依法参与到生态文明建设中,可以充分表达自己的利益诉求,表达自己对美好生态环境的期待,不仅能够对政府生态文明建设的政策有实质性的影响,还能够对生态治理过程予以监督,使政策得以充分落实。其次,公民参与有利于增强生态文明治理体系的合法性。人们参与到生态治理中,不但可以增强社会责任感和使命感,同时可以增强对执政党的认同感,更加支持政府的治理政策,能够使治理措施更高效率地推行。最后,公众参与有利于促进生态治理政策的科学化与民主化。公民参与到政府的决策中可以带来更多的有效信息,对生态环境治理的科学决策具有重要意义。

生态文明建设是一项艰巨的系统工程,不是一蹴而就的,是一个持久的过程,在这个过程中我们需要凝聚全社会的力量,需要全体中华儿女团结起来,推动生态文明建设。实现生态治理的全民化是生态文明建设和环境保护工作的基础和保障,保护生态是我们共同的责任,只有加快构建全民参与生态保护的社会治理体系,人人都担负起保护生态的责任,共同携手建设生态文明,共同推进国家的环保事业,才能够尽早建成我们期盼的美丽中国。

二、提高全民生态意识

生态意识是指反映人与自然环境和谐发展的新的价值观,是现代社会人类文明发展的重要标志，是人们对生态和生态保护的一个认识水平和认识程度，又是人们为了保护生态而不断调整自身经济活动和社会行为，协调人与自然关系的实践活动的自觉性。生态意识包含两个方面：人们对生态的认识水平和人们保护生态行为的自觉程度。生态意识是人们主动去思考人与自然关系和人类的未来发展方向的一种观念，是引导人们行为的内在因素，是实现可持续发展的基础和先决条件，只有使个人认识到生态环境和经济发展的关系，认识到生态危机对人类的危害，保护生态才能变成人们的自觉行为，因而生态意识的提高对于生态文明建设具有重要影响。

生态文明建设任务较为紧迫，政府要加大力度向人们普及我国生态环境的现状及生态治理的急切性，强化人们的生态意识，使人们意识到我们既是美好生态环境的受益者，也是恶劣生态环境的受害者，保护生态环境就是保护我们自身。呼吁人们树立起责任意识，积极参与生态保护和治理，时刻注意协调生产生活与保护生态的关系，我国生态文明建设事业必将迈向新的台阶，美丽中国定能尽早建成。

宁波：全民治水，治出心中那片青山绿水①

宁波市水利、环保、农业、经信、科技等职能部门组建治水"先锋队"，到重点难点区域现场"问诊开良方"；市县两级抽调1075名机关干部组成治水督导队奔赴基层开展专项督导。宁波市还利用各村（社）换届选举的契机，开展任期履职考评，将"治水回头看"中发现的保洁清淤不力、环境污染破坏、村容村貌脏乱差的村（社）负责人列入不适宜进新一届班子人选范围。

---

① 宁波：清流展灵韵 美景谱新篇［N］. 中国环境报，2018-06-21（8）.

在民间,宁波市也形成了全民参与的"治水自觉"。"30万志愿者服务治水"的文明行动在宁波开展得如火如荼。在余姚,各类企业积极担当治水责任人,朗霞街道90余家企业认领劣五类小微水体132处;泗门镇谢家路村几家企业捐款23万元成立谢家路村"五水共治"冠名基金,用于治理村里3个小微水体。慈溪市桥头镇在全镇推出382个"河小二"志愿岗,以百米为单位划分"责任田",覆盖了辖区内106条河道、32个小微水体。

治水中还涌现出多支红色力量。宁海县长街镇在6个县级河道、20条镇级河道上建立了26个治水临时党支部,整合千名党员力量,施行挂图作战、项目包干,打通治水的最后一公里。平原村治水党支部成立后,半月内就移栽了河岸橘树210株、清理露天粪坑19个,水岸环境得到显著改善。

宁波市各高校、科研机构积极开展"科技治水下基层"服务,投入科技经费支持节水等领域科技项目研究,引进高层次人才及专家100余人。全市各条战线累计招募10万名青少年"河小二""红领巾"志愿者,仅去年一年就累计开展巡河1000多次,发现上报问题334个。

(有删改)

三、营造良好的生态氛围

党的十九大报告提出了建设美丽中国的长远战略,为中国建设生态文明指明了发展方向,提供了科学的方针指南。要建设秀美河山,就必须尊重自然,走持续健康发展之路。在发展过程中紧紧把握生态保护与经济发展两者的平衡，既要为经济社会发展提供良好的自然生态环境，又要为建设生态文明提供物质保障。作为自然界的一部分，人们必须发挥自我理性，担负起保护生态的使命，与自然和谐共生。自然生态是人们生存、生产与生活所赖以依托的环境，正是因为人们在发展经济过程中对自然资源的肆意开采和无序利用，导致自然生态出现严重危机，对人们的生产生活构成威胁。人民群众是建设生态文明的中坚力量，当生态环境遭到严重破坏时，必须依靠人民群众的力量，激发人民群众参与生态文明建设的积极性和创造力，使社会形成全民主动关心、主动参与、主动治理的良好生态氛围。

党的十九大报告的一大亮点是社会主要矛盾的转变，认识到社会主要矛盾的变化不仅体现了我党对人民需要的时刻关注，也对生态建设提出了更高的要求。人民日益增长的美好生活需要包含对美好生态的要求，国家提出建设生态文明、构建美丽中国的目标是为了实现发展与生态之间的平衡，更重要的是将人民群众的需求放在第一位，为了满足人民群众对美好生存环境的需要，因此要加大力度、加快步伐全面建设生态文明。人民群众是社会发展的坚强力量，生态文明的建设离不开人民群众的支持与参与。过去，通过充分发挥人民群众的集体智慧和在绿色发展理念的正确指引下，生态保护成效显著。新时代，强化人民群众的生态文明意识，凝聚群众的力量推进生态文明建设，统筹协调各方面进行系统治理，落实更为严格的生态保护制度，形成健康持久的发展方式，带领全国人民积极参与到新时代的发展建设中去，也必将取得突破性的进展。

营造良好的生态氛围，从政府角度来讲，需要广泛深入宣传生态知识，强化人民群众的生态意识，使人民群众了解、认识并深刻把握生态文明建设的内涵，此外，政府还需要多渠道听取人民群众关于生态治理的意见和建议，这样既保证了生态文明建设决策的民主性，又能够增强人民群众的主人翁责任感，使全社会形成关注生态、保护生态、建设生态的良好生态氛围。从个人角度来讲,需要增强生态保护的主动意识,从点滴事情做起,将环境保护与资源利用协调统一的大目标落实到生产生活中,以自身的积极行动带动身边的人,使社会形成自觉、主动、积极保护生态的良好氛围。只有全民凝聚起来,众志成城,才能够形成保护生态环境的坚不可摧的力量,才能够有力推动生态文明建设。

结语

建设生态文明我们每一个人都责无旁贷,我们是这个生态系统中的一部分,是生态文明的受益者,也是生态污染的受害者。无论是国家、企业、社会还是个人,都要有建设生态文明刻不容缓的意识。

第三节 治理方式的法制化

在新时代,加快生态文明建设必须要实现治理方式的法制化,在制度层面对生态治理予以约束,在法律层面对生态文明建设给与保障。法制是指通过法律化、制度化的方式参与国家的建设与治理,是用来维护统治阶级统治的制度。以制度化的方式治理生态环境,能够保障治理过程的合法性和公正性,能够更好地维护人民群众的利益。法是一个国家的立国之本,渗透到国家建设的方方面面,法制是维持社会稳定、建设生态文明的必要方式,实现治理方式的法制化能够充分保障人民的权益,切实有效建设生态文明。

一、依法治国全覆盖

依法治国是党领导人民治理国家的基本方略。只有坚持最严密的法治，才能为生态文明建设提供可靠的保障。依法推动生态治理，首先必须解决有法可依的问题。目前，我国已初步形成了一个绿色法律框架，但是，存在主体多元化、法律渊源众多等问题，亟待系统化。为此，要积极推动依法治国全覆盖，就必须形成系统的法律体系，将社会主义生态文明的科学理念贯穿于法律和法规中，使之成为一个包含各方面治理原则和准则的完整统一的法律体系，有完备的法律体系才能够从整体上为生态治理和生态文明建设提供法律依据。建立和完善生态文明法律制度的过程，就是实现生态治理体制现代化的过程，为依法进行生态治理提供了法理依据和法律制度支撑。

法律是治国的重器，良法是实现善治的前提。全面推进生态治理法制化建设，是生态治理现代化的前提和基础。应该构建系统完备的生态治理法律体系，按照可持续发展理念和以人民为中心的发展理念，结合新时代的特征，全面修订现行法律法规中有关生态文明建设和生态治理的内容，用严格的法律制度保护生态环境，推动监管执法全覆盖。通过法律强化生产者环境保护的法律责任，大幅提高违法成本，加大对违反生态治理法律行为的惩处力度。此外，应该深入开展生态文明建设法制化宣传，营造自觉参与生态治理的良好社会氛围，促进形成自觉遵守生态治理相关法律的社会风气。

二、牢固生态文明建设的根本方式

生态文明建设关乎人们幸福生活的实现，关乎民族未来的发展，要使得这一伟大事业取得实效，就必须变革生态治理方式，将生态文明建设与法制相结合，走现代化发展之路。生态文明建设关乎经济社会的永续发展，关乎民族未来的前途，在生态文明建设的实践中构建完备的法

律体系，能够保证生态文明建设有法可依、有法必依，能够为生态文明建设提供坚实的制度保障。

牢固生态建设方式的法制化，贯彻严明的法制观念，才能够为生态文明建设提供可靠保障，在生态环境保护的问题上决不能有半点侥幸心理，必须稳扎稳打走可持续发展的路子，按照防治源头、严抓过程、严惩后果的发展思路，以牢固树立生态发展方式的法制化为目标，构建责任明晰、绩效考核明确、约束严格、反馈及时的生态文明制度体系，充分发挥制度和法制的规制作用，为生态文明建设提供体制机制保护屏障。

实现生态文明建设的法制化，在实践中能够加强对政府及各责任主体的有效监督和考核，对弄虚作假、推诿扯皮、懒散懈怠等现象予以法律惩治，实施零容忍的监督和问责，这种发展方式能够显著提高政府及各社会主体参与生态建设的积极性和主动性，能够提升主体队伍的整体素质。作为新时代中国特色社会主义建设的目标之一，生态文明建设不是一蹴而就，事关民族永续发展的战略布局，必须以坚韧不拔之势向前推进，依靠生态文明体制的法制化，打造生态文明建设的稳固之基。

三、完善生态文明建设的体制机制

党的十九大报告提出建设生态文明、构建美丽中国的战略目标充分体现了强烈的生态责任意识和使命担当。在过去的时间里，经过不懈努力，我国的生态文明建设成效突出，但是生态治理的体制机制仍不完善，当前创新并完善生态治理的体制机制是解决自然资源紧缺和生态环境污染问题、提高生态治理水平、增强生态治理成效的重要途径。

我国的生态治理体制机制存在许多问题，最为主要的是生态治理多主体参与机制责权划分不明晰。生态治理靠政府的引导与带领，但并不意味着生态治理就是政府的责任，人们依赖着生态环境进行生产生活等活动，每一个人都担负着对生态环境保护和治理的责任。虽然人们参与生态保护的意识逐渐增强，但人们参与生态治理的素养还有待提高，许多人为了提高生产生活的效率，在平衡经济发展与生态保护的关系上急于求成，敷衍了事，缺乏理性。除此之外，多主体参与的体制机制还存在主体间沟通不及时、缺乏有效的沟通机制，对于治理过程中出现的问题反馈不及时，治理成效不理想。强化全体公民生态文明建设的责任和使命担当，完善生态治理的体制机制刻不容缓。政府必须完善生态治理从政策制定到效果反馈的整个过程的信息公开制度，保证生态治理过程的公众参与，保证政策制定的民主化与合理性。

环境有价[①]
——用制度保障生态文明建设有序推进

"生态环境法治保障制度创新事例"评选不失为完善生态文明建设体制机制的一种重要举措。由环境保护部、中国法学会联合主办的"生态环境法治保障制度创新事例"评选活动于2015年5月揭晓。从全国各地、各部门申报的324件事例中，最终确定了25件最佳事例、50件优秀事例和20件提名事例。广东省共有9件事例入选。其中，由广东省法学会组织申报的《东江流域水资源的法治保障》和《生态文明新特区、科学发展示范市的珠海模式》2件事例，获得全国"生态环境法治保障制度创新最佳事例"，成为全国生态文明法治建设的典型代表。这也意味着作为改革开放和科学发展的排头兵，广东以法治保障生态环境

---

① 东江与珠海演绎"最佳事例"[N].中国环境报，2015-05-27（6）.

的影响力又得到进一步提升。

守护粤港水源——东江筑牢生态环境法治体系

解决香港 700 多万人用水的东江供水工程，目前所供水量占香港总用水需求的 75%、深圳市用水量的 53%、东莞市沿线 8 镇用水量的 80%。广东围绕粤港供水大局，严格实施东江流域水资源依法治理，以法治思维、法治手段强化生态环境保护，积累了宝贵经验。

以守护水源地为首要使命，筑牢生态环境法治保障体系

近年来，广东针对东江流域水质保护出台了《广东省东江水系水质保护条例》等 10 余部法规文件，为依法保护东江流域构筑了全方位的法治保障体系。同时，沿途各市及相关单位坚持依法治水，配套完善生态环境保护法规制度。东江流域的河源市出台了《河源市东江水环境综合整治工作指引（试行）》等相关法规文件，逐步构建起措施严厉、稳定有效的地方生态环境保障法治体系。有关专家表示，广东获奖数量之多，充分展示了其生态环境制度建设方面的明显成效，为全国各地提供了可复制、可借鉴的经验。

（有删改）

结语

党的十九大报告提出建设生态文明，构建美丽中国的目标指明了我国未来生态文明发展的方向，是新时代建设生态文明和美丽中国的方针指南和基本遵循，生态文明建设是功在当代、造福后世的伟大事业。在今后生态文明建设的实践中，我们要全面贯彻党的十九大精神，以习近平新时代中国特色社会主义思想为指导，牢固树立社会主义生态文明观，推动形成节约资源和保护环境的产业结构、生产方式和生活方式，建立经济发展与生态保护之间平衡协调的发展方式。

"美丽中国"时代意义

第一节 后工业文明的生态诉求

后工业文明中，人类对工业文明中过分改造自然的行为进行了批判和反思，重新认识人与自然的关系，并采取实际行动保护自然、重新回归自然，强调人类社会的可持续发展，技术的进步也着力于改善人与自然的关系，追求适度、绿色、理性。生态文明贯穿在人类社会发展的历史长河中，在不同的发展阶段表现的程度不同。

一、转型中的工业文明

资本主义工业文明和后工业文明都是在自发的状态下进行的，在极大地推进人类文明发展的同时，也展现出诸多问题。由于主张完全的私有化、市场化、自由化，以及国家的宏观调控不足而导致过度竞争，造成社会资源浪费、自然环境恶化而难以实现可持续发展。在资本主义工业文明进程中所出现的弊端和消极现象，在社会主义现代化过程中难以避免，但是可以使危害减少到最低限度。

工业化是现代化最显著的特征，也是现代化最根本的动力，现代化以人类特有的、崇高的"理性"展现了人的本质力量，当人类沉浸在自己所创造的理性的辉煌中时，也不得不面对现代性焦虑。恩格斯早在一百多年前研究自然辩证法时，就告诫人们："我们不要过分陶醉于我们人类对自然界的胜利。对于每一次这样的胜利，自然界都对我们进行报复。"时代发展应验了恩格斯的警示，伴随着经济高速发展的是大气污染、水土流失、垃圾污染、噪声污染等生态问题，自然界是人类赖以生存的家园，自然界中的许多资源都是不可再生资源，一旦遭到污染和破坏，很难恢复，人类修复生态环境需要付出更大的代价。西方国家现代化发展走了一条先污染后治理的粗放型发展道路，发达国家本身也遭受着生态环境破坏带来的污染，但是发达国家把一些污染严重的企业转移到发展中国家，发展中国家由于发展自身的需要，也采取了同样的发展道路，使环境污染问题不仅没有得到解决，而且在世界范围内蔓延，最终威胁着整个人类的生存与安全。尽管许多发展中国家已经意识到保护生态环境的重要性，但是面对发展经济的重任，更多地选择了牺牲生态环境。当然，发展经济与保护生态环境并不是对立的，本质上体现着人类对当前利益和长远利益的选择。

生态危机是工业文明的产物，在工业文明的框架内，生态文明无法得到根本的解决，因此，只有实现从工业文明向生态文明的转型，人类才能从整体上彻底解决威胁人类文明的生态危机。从20世纪60年代开始，西方一些具有批判意识的哲学家反思人类理性、反思科学技术，掀起了一场反对现代化的社会思潮，提出了后现代主义。后现代主义思潮对工业文明中的弊端进行了根本批判，从根本上颠覆了现代性的哲学根基，但是后现代主义的一个特点在于：只破不立、重批判轻建构。一方面使后现代呈现出一种去中心化、碎片化、无结构的特点，另一方面则为新型文明的建构提供了空间，扫清了障碍。后现代主义在经济学、社会学等领域的兴起使后现代主义的建构设计和构想清晰起来。美国社会思想家、未来学家阿尔文·托夫勒在《第三次浪潮》中明确批判了工业社会，指出以信息文明为代表的第三次浪潮就是要打破工业社会的标准化、专门化、同步化、集中化、集权化，走向更加个性化、碎片化、智能化、分散化、民主化和生态化的信息社会。以信息技术革命为标志的后工业社会关注生态文明发展。

"工业废弃物雕塑"唤醒城市记忆
——"钢铁之夏——国际青年金属雕塑创作营"[①]

山西大同和太原,是我国两座重要的历史文化古城,也是我国重要的早期工业城市,这里的大型工矿企业,曾经在新中国成立之后的很多年,为能源工业建设做出过卓越贡献。

时光荏苒,进入 21 世纪以来,随着工业生产方式的迅猛演进,许多产业做出结构调整和转型,随之而来的是大量机械设备被闲置或淘汰,这些象征着那个光荣年代的遗存,成群地搁浅在信息化时代的岸边。

吕品昌、张伟、孙璐雕塑《新九龙壁计划》

如何处置这些象征工业文明的废弃物?如何留住工业文明历史,挖掘重工业基地深厚的文化底蕴?如何让工业遗存通过艺术家的创作再生新的活力?这是飞速转型的全球化时代抛给当代中国的命题,它们不可回避地摆在了城市管理者和艺术家的面前。对于这个命题,国内之前并没有多少可参考的先例。中

李东雕塑《门》

---
① "工业废弃物雕塑"唤醒城市记忆[N].人民日报,2018-07-08(12).

央美术学院与地方政府，联合国内外知名美术学院，利用工业遗存开展再创造，开辟了一条化废为宝的新径。

点石成金的创造

利用工业文明遗存进行艺术再创造的探索，20世纪欧美艺术界已有所尝试。如英国的安东尼·卡罗和美国的大卫·史密斯，以他们为代表的雕塑家是一代从二战废墟上站立起来的艺术家，他们胸怀重建家园的理想，利用工业革命之后欧美城市中建筑和桥梁上的金属元素，来创作大型的直接金属雕塑。瑞士的让·丁格利和法国的阿尔

刘芳雕塑《金乌》《玉蟾》

伯·费浩，在赋予日常用品、工业零件和农具等物品造型审美功能的同时，也以这种艺术主张，极大改变了观者看待艺术和文明世界的眼光。

这种利用回收物品创作的方式，在艺术界渐渐形成一股强有力的潮流，无论是艺术家的独立创作，还是雕塑营的集中创作，艺术家都用自己的精神与灵气，以及对社会的人文关怀，开启艺术观念与社会生活、文明发展与历史反思的对话之门。如何借鉴世界范围内的成功经验，与中国国情有机结合，最终形成自己的方法论自信地走出自己的路？边摸索、边实践，大刀阔斧地前行，可能是最好的选择。

郭雪洁雕塑《越2#》

孙璐雕塑《风之刃》

走出校园进入社会开展金属雕塑创作营活动，在国内始于2007年的内蒙古磴口县——中央美术学院雕塑系首次尝试与社会力量合作，举办了工业雕塑创作营。2012年至2017年，雕塑创作营逐渐形成成熟的运作模式，中央美术学院与大同和太原市政府合作，联手全国八大美院和国际知名美术学院，组织并邀请优秀的青年雕塑家，连续六年在大同煤气厂工业遗址和太原化工工业园区举办"钢铁之夏——国际青年金属雕塑创作营"活动。六年来，在两个城市的工业遗产园区内，师生们将废弃工业零件设备作为雕塑材料，共创作了489件大型公共雕塑作品。这些作品的出现，为城市公共景观以及转型中的文化创意园区的环境，注入新的视觉形象和人文意义，同时也以艺术的方式把城市的过去、现在与未来联结为一个新整体，激活并提升城市文化品位，丰富文化积淀，凸显工业城市历史文化特色。

经过六年积累，"钢铁之夏——国际青年金属雕塑创作营"已经形成自己的特点和学术态度。其学术性在于，它具有鲜明的问题意识和具体的针对性，即以废弃的金属机械和零部件为材料，展开形态与工业制造相结合的创作活动，并对其特殊性进行深入的研究实践。这个非常具体的艺术问题，贯穿每一件作品制作始终；而这种相对集中的、针对性强的现场创作，不仅解决了雕塑自身的问题，还和生态、环保、废物利用等各种当代社会理念结合起来。因此，这个活动在当今雕塑界，乃至城市规划建设方面，都有一定的示范意义。可以说，这不仅是单纯的金属雕塑创作过程，更是一种具有建设性意义的公共性活动——对城市、对社会，对公众、对青年艺术家，形成多方共赢局面。

协同互利的创新

"钢铁之夏——国际青年金属雕塑创作营"活动之所以具有可持续性发展的强大生命力,源于其多个创新点。

首先是废物利用。这些雕塑都是利用废旧工业部件作为创作元素。学生们把那些已经废弃的,通常本应当废铁卖的金属设备零件,转化为艺术创作的材料,发掘并强调材料中那些鲜明的、具有城市产业特点的元素,并将丰富的想象力与学院抽象造型基础,注入到作品的创作中。那些创意宛如魔棒一样点石成金,为这些沉睡已久的钢铁注入灵性,使其成为一件件杰出的工业现代雕塑,从而使废铁变成承载精神的宝藏。这使得创作营活动在解决学术问题之上,兼具生态文明特性的社会、文化和艺术意义。这样的组织与创作方式,符合实现人与自然和谐相处的生态发展模式,以及旧事物中的废弃物品转化成为新事物中的宝物的循环经济观念,充分体现了二次利用的环保理念。

其次是环境互动。这些雕塑的构成元素,大都直接采用拆下的废弃设备部件和钢结构。这些看似废旧的金属,曾经有自己无可替代的生产功能——在工业建设历程中,不仅是大工业生产时代的参与者,也是这段历史的见证者。因此利用工业遗存创作雕塑作品,在保持设备原有的强烈特征以外,更要进行艺术的提炼与升华。每一个创作者首先要通过了解山西乃至中国的相关历史文化沿革,以及重工业大规模生产所处的历史坐标等背景知识,以此作为创作构思的前提;其次是在面对这些金属元素时,要潜心阅读并挖掘出它们的文化隐喻。这样创作出来的雕塑,才能与其所在的环境"自发生长"在一起。从这个意义上说,当这些废弃金属材料通过艺术创造而获得新的生命之后,就具有了一种深沉的岁月感和对历史的深度思考,从而使它们不仅在园区中诉说过去的历史,展示过去的辉煌,同时也以艺术的方式表征当下、指引未来。

(有删改)

二、生态文明之困境

生态文明并不完全等同于后工业文明。后工业文明,也称为信息文明,是继农业文明、工业文明之后,人类文明的又一种形态。如果以人与自然的关系为主轴,不同的文明形态反映了人与自然之间力量的相互对比变化。农业文明中,人只是在狭窄的范围内,以人力、畜力、简单的机器作为改造自然的工具和动力,人类对自然的依赖性高、影响力低,人类尊重自然、敬畏自然,整体上呈现出一种和谐关系。工业文明中,以蒸汽、电力、自动化、智能化的机器作为改造自然的动力,人类改造自然的能力大大地提升,逐渐成为自然的主人,并且沉浸在这种胜利之中,人类战胜自然、挑战自然、按照人类的意志改造自然,人与自然关系处于矛盾冲突当中,致使人类面临着诸多生态危机。生态文明一词源于美国海洋生态学家蕾切尔·卡逊的《寂静的春天》一书。1995 年,美国作家莫里森在《生态民主》一书中,明确提出"生态文明"的概念。我国在现代化发展的过程中一直在探索工业化发展道路,在吸收借鉴西方工业文明经验教训的基础上,提出走新型工业化道路。

生态文明与工业文明不是对立的。生态文明引领工业文明发展的方向,在工业化发展的初期,人类依靠牺牲环境利益发展经济的道路尚可获得收益,而暂时感受不到自然对人类的"报复"。但是随着人类对自然的进一步胜利,人类越来越感受到依照旧的道路已经难以实现经济增长了,并且日益受到来自自然的威胁。此时,如果不变革经济发展方式,科学处理人与自然的关系,人类将无法向前推进。当前已经到了以环境保护促进经济发展的新阶段,工业文明所创造的空前的社会财富和辉煌的成就奠定了人类美好生活的物质基础,也生成了生态文明建设赖以生存和发展的沃土。用生态文明的理念推进人类文明系统的生态化改造,要充分吸收工业文明的成果,促进工业化、信息化、绿色化融合发展,实现工业化的可持续发展。加强生态文明建设是实现工业文明向后工业文明转型的重要契机，也是实现人类高水平、高质量、高层次发展的重要突破点。离开经济建设谈环境保护是"缘木求鱼"，离开环境保护谈经济发展是"竭泽而渔"。树立生态文明建设理念，推动经济绿色转型，要将生态文明理念融合在经济发展的整个链条中，从生态产业、生态制度、法律、政策、风险体制机制等方面贯穿生态文明的价值理念，以生态文明建设促进经济转型。

三、"经济人"的消解

亚当·斯密认为：个人对利益和财富的需求驱使人类进行劳动，人类在经济活动中追求利益最大化。个人在无限追求自身利益的同时会与他人的利益发生冲突，但是由于受到"市场"这只看不见的手的作用，每个人的利己行为最终会促进社会的利益。他假定每个经济主体都是充满理性的，在市场的作用下，每个主体都获得最优利益。亚当·斯密的"经济人"假说依赖于市场的调节作用，而他视阈下的市场是最初始的、简单的、平等交换的市场，不是充分发展了的市场机制。当资本从自由资本向国家垄断资本发展，个人追求利益最大的动机超出了原始市场的调节范围，最终不是促进社会的整体利益，而是造成社会贫富分化，一部分人成为资本和财富的主人，另一部分人则成为受到资本控制的奴隶。经过古典经济学家的发展，理性经济人成为西方经济学的基础，并以"个人、自私、理性"为其核心本质。无限地夸大个人对经济利益的追求，把占有财富的数量作为衡量人的价值的标准，引发了盲目甚至畸形的消费心理，导致资源浪费和环境污染。经济人只看到了人与人之间的经济、利益关系，而忽视了对人的本质和人与自然关系的把握。

从"经济人"向"生态人"的转变是历史的必然。现实的生态问题逐渐成为人类生存和发展的主题，使人类不得不重新反思人与自然的关系。以物的依赖性为基础的阶段，产生了"经济人"，而建立在"个人全面发展"基础上的"生态人"实现了人与自然、人与人之间矛盾的真正解决。"生态人"既关注个人的利益，同时也重视人与自然、人与人之间关系的和谐。这就为马克思"人的全面发展"提供了新的内涵，增加了生态文明的维度。"生态人"强调的是尊重自然、保护自然、顺应自然，立足于人类的整体利益，在满足个人合理需求的同时不损害他人的利益，促进人与自然、人与人、人与自身的和谐。

理性经济人将人与社会的关系表现为物与物的关系，从工具理性的视角看待物对人的需求的满足，不自觉地将人置于自然之上，把人的利益的获得作为尺度，导致人的需要异化为物质欲望的满足。实际上，人的全面发展不仅需要物质的满足，更需要精神的富足，包括对尊重自然、顺应自然的生态伦理，将伦理从人自身扩张到整个自然界，从而批判和摒弃"人类中心主义"的伦理观，使人类从征服自然向与自然和谐相处转型。自然界是人的无机体，人的本质的实现离不开自然界，要以实现人与自然的和谐相处，与自然融为一体作为衡量标准，实现人与自然之间由单向的功利性争夺变为双向的互惠互利关系，才能促进人的发展。生态人是人的发展的目标，是人的自由全面发展的重要特征，实现人的生态化转型是关注生态文明，实现可持续发展，进而建设美丽中国的内在逻辑。

结语

实现人的生态化转型要将整体性、系统性、全面性思维融入到生态文明建设的具体过程中。从生态系统和社会系统的关联中坚持人与自然的统一性。要将自然界视为人类生命的起源与存在，培养对自然的敬畏感恩之心。恩格斯曾指出:"我们每走一步都要记住:我们决不像征服者统治异族人那样支配自然界,决不像站在自然界之外的人似的去支配自然界——相反,我们连同我们的肉、血和头脑都是属于自然界和存在于自然界之中的。"

第二节 "五位一体"总体布局的生态指标

发展是人类社会永恒的话题,"发展就是硬道理",要增强综合国力,实现中华民族的伟大复兴,必然要建立在强大的综合国力基础之上。将生态文明置于"五位一体"的总体布局之下,作为社会发展的重要指标,表明我国对发展理念认识的深化和发展方式的转型。

一、"生态文明"独树一帜

中国生态文明建设形成了独特的自然观。"天人合一"是中华民族的根本世界观,决定着中华民族对人与自然、人与人、人与自身关系的思考。无论是敬畏自然、顺应自然还是改造自然,都遵循人与自然相生相融相合的理念,实现人与自然的和谐相处。道家"天地与我并生,万物与我唯一"强调万物平等共生,人对自然没有绝对的优越性,人不能脱离自然成为自然之外的存在,人与自然具有内在的同一性。儒家"天人感应"的天地伦理观将人类伦理延伸到天地生态系统之间,人能够感知天意、认知自然、认识自身,但前提是对自然的敬畏。这种生态伦理观是对西方"以人为中心"的生态观的超越,人可以认识和改造自然,但不是操纵和控制自然,人类改造自然必须有所遵循的底线。中国传统自然观奠定了生态文明的根基,倡导一种适度的、自我调节的、整体性的价值观，既尊重自然规律，又承认人的主观能动性，这一宝贵的生态智慧成为我国生态文明理念的重要思想来源，成为应对和解决当前生态危机的科学理念。西方的工业文明在"以人为中心"的生态观的指导下，毫无顾忌地破坏自然，造成了严重的生态危机，使发达国家不得不投入大量的精力，付出更大的代价治理生态问题。而中国的工业文明受到传统生态伦理观的影响，将改造自然与保护自然结合起来，走新型工业化道路，实现可持续发展。

二、"五位一体"有机统一

随着社会物质财富的积累，人民越来越多关注和追求绿色、健康、安全、美丽的生活环境，而当前我国经济发展面临着资源短缺、环境污染严重、生态系统退化的严峻挑战，生态环境和资源问题已经成为制约全面建成小康社会的瓶颈。生态问题已经影响到人民群众的生活环境，成为制约人民群众实现美好生活的重要因素。如果生态问题得不到解决，生态环境得不到改善，将严重影响可持续发展战略的进一步推进，影响全面建成小康社会、实现中华民族伟大复兴的进程。党的十六大明确把生态环境和资源保护作为全面实现小康社会的重要保障，党的十七大将生态文明作为全面建

成小康社会的基本要求之一,党的十八大提出包含了生态文明在内的"五位一体"总体布局,提出了"美丽中国"概念,党的十九大报告中对生态文明建设进行了详细布局,指出生态文明建设是功在当代、利在千秋的事业,进一步牢固树立社会主义生态文明观,引导应对气候变化国际合作,成为全球生态文明建设的重要参与者、贡献者、引领者。

将生态文明建设纳入"五位一体"总体布局实现了对科学发展观的创新性发展。科学发展观是马克思主义发展观与中国实际相结合的产物,作为人类文明的新范式,为解决人类生存和发展中的困境提供了根本指南,其中蕴含着深刻的生态文明思想。科学发展观是关于发展的理念,发展不单单指经济总量的扩大,也包括政治、文化、社会、生态的多方面指标。发展的主体、目的、核心都是人,生态文明在一定程度上就是人自身的文明,人在改造自然界的同时不仅产生人与自然的关系,也产生了人与人的社会关系,人类改造自然的过程也是提升自我认识、实现人的能力和价值,最终实现人的解放的过程。人与自然的和谐相处要在社会的全面、协调、可持续的条件下才能实现,科学发展观强调全面发展、协调发展、可持续发展,就是要全面推进现代化建设的各方面、各环节相协调。"五位一体"总体布局将生态文明融入到其他四个方面的建设中,正是体现了生态文明的重要性。实现人与自然的协调发展,才能实现社会的全面发展。

三、新的指标体系

指标体系是对思想、理念的具体化操作,是理念通往实践的中间环节。指标体系是否能够反映或者在多大程度上反映生态文明建设的指导思想,决定了生态文明是否能够落实到位。生态文明指标体系的演进是对生态文明建设历程的反映,我国生态文明建设理论和实践也经历了一个不断演化的过程。伴随着工业化进程加速,生态问题凸显,人们开始注意生态问题，形成以自然生态系统发展为核心的指标体系，反映生态系统自身的质量、效益和安全。随着人们对生态文明认识的深化，尤其是在党和国家提出生态文明建设的方针政策后，生态文明指标体系开始不断反映实践的新要求，并与社会、经济等方面的发展相结合，逐渐形成了以复合生态系统发展为核心的指标体系。党的十八大报告将生态文明置于"五位一体"总体布局之下，突出生态文明建设的重要地位，生态文明指标体系也发生了实质性变化，形成了以生态文明建设为核心的指标体系。

以生态文明建设为核心的指标体系是在"五位一体"总体布局下对生态文明建设地位和作用的深刻解读，实现了对前两个指标体系的超越。一方面，生态文明本身作为特殊的领域，包含着具体的内容。因此，生态文明指标体系必然包含着节能减排、节约资源、保护环境等最直接、最基础、最主要的内容。生态文明建设同经济建设、政治建设、文化建设、社会建设是并行的，共同构成社会主义现代化的目标体系，构成社会主义现代化建设的整体，任何一部分的缺失和不足，都会造成短板效应，制约整体的发展。另一方面，将生态文明建设融入到其他方面的建设中，使各个领域的发展更符合生态文明的特质。

结语

生态文明是人类对工业文明反思和超越的结果。中国"生态文明"理念的提出立足于中国的基本国情和现代化实践，具有自己的特色。作为后发国家，中国以空前的速度推进工业化进程，取得了重大成就，但是资源环境与发展的矛盾日益凸显。在工业化尚不发达，工业文明程度还不高的情况下建设生态文明，是对工业文明的生态化改造和提升，是工业文明的优化发展。我国在尊重自然规律和发挥人的主观能动性相结合的过程中形成了具有特色的生态文明理论体系和实践形态。

第三节　中国梦的生态图景

一、"两个一百年"新目标

"两个一百年"奋斗目标最初是在中共十五大报告中明确提出的，报告指出：第一个一百年，是到中国共产党成立100年时（2021年）全面建成小康社会；第二个一百年，是到新中国成立100年时（2049年）建成富强、民主、文明、和谐的社会主义现代化国家。继中共十五大报告首次提出"两个一百年"奋斗目标，党的十八大报告再次重申了：在中国共产党成立一百年时全面建成小康社会，在新中国成立一百年时建成富强民主文明和谐的社会主义现代化国家。"两个一百年"自此成为一个固定关键词，成为全国各族人民共同的奋斗目标。

习近平总书记在党的十九大报告中用全新的表述再次重申了"两个一百年"的奋斗目标，即决胜全面建成小康社会，开启全面建设社会主义现代化国家新征程。这一表述虽然没有明确提出"两个一百年"的奋斗目标，但实质上也是对这一奋斗目标的论述。不仅指出了目前我国正处于全面建成小康社会的决胜期，还清晰地擘画了全面建成社会主义现代化强国的时间表、路线图。

关于全面建成小康社会，报告指出，从现在到2020年，是全面建成小康社会的决胜期。这一时期我们要按照党的十六大、十七大、十八大提出的全面建成小康社会各项要求，紧扣我国社会主要矛盾变化，统筹推进经济建设、政治建设、文化建设、社会建设、生态文明建设，坚定实施科教兴国战略、人才强国战略、创新驱动发展战略、乡村振兴战略、区域协调发展战略、可持续发展战略、军民融合发展战略……使全面建成小康社会得到人民认可、经得起历史检验。这其中虽然只有一次明确地提出"生态文明建设"，但是在区域协调发展战略和可持续发展战略中也都包含着对生态环境保护和建设的内容，例如，经济发展与生态环境相协调、生态环境的可持续发展等，这些足以证明生态文明建设在全面建成小康社会决胜期的重要性，足以证明生态文明建设在全面建成小康社会的过程中有着举足轻重的地位，足以证明生态环境质量是小康全面不全面的关键。

二、"社会主义现代化强国"新表述

党的十九大之前党和国家领导人一直强调要把我国建设成为富强民主文明和谐的社会主义现代化强国。直到党的十九大召开，习近平总书记在报告中把这一表述新增了一个词，即"美丽"，明确指出，要把我国建设成为富强民主文明和谐美丽的社会主义现代化强国。这一新的表述把生态文明建设提到了新的战略高度，把"坚持人与自然和谐共生"纳入新时代坚持和发展中国特色社会主义的基本方略，指出"建设生态文明是中华民族永续发展的千年大计"。生态文明建设成为社会主义现代化强国必须达到的目标。在中国特色社会主义进入新时代的重要历史时期，在全面建成小康社会的决胜时期，党和国家领导人为什么要把生态文明作为建设社会主义现代化强国必须达到的目标呢？

这主要是因为生态文明不仅是全面建成小康社会的关键，而且对解决新时代的社会主要矛盾具有重要作用。过去五年，我国大力度推进生态文明建设，取得举世瞩目的显著成效。不过，生态文明建设仍然任重道远，优质生态产品仍然总体短缺，人们迫切地呼唤清新空气、青山绿水。在很多地方，过去人们盼温饱、求生存，现在则是盼环保、求生态。

我国社会主要矛盾发生转化的重大政治论断，对于推进生态文明建设具有极其深远的意义。可以从以下几个方面理解：一是人民日益增长的美好生活需要包括对美好生态环境的期盼；二是环境问题的出现，根本原因还是发展不平衡和不充分；三是环境问题的解决，还是要靠平衡发展和充分发展。党的十九大报告对生态环境问题的现状、产生原因及其解决路径的重大判断和部署，是建设天蓝、地绿、水清的美丽中国的根本遵循和行动指南。党和国家政策与策略的制定、实施必须立足于社会的主要矛盾，否则发展战略与具体工作的安排、部署就会出现偏差。因此党的十九大把解决生态环境问题，明确纳入了党和国家的战略发展目标。

西藏自治区："绿哈达行动"[①]

全面建成小康社会，每一个地区都不能落下，每一个民族都不能落下，藏区人民群众，砥砺奋进，在保护生态的同时，积极奔向全面小康社会，砥砺七年藏区植绿万亩。"绿哈达行动"以种草推动当地草畜平衡，增加牧民收入。

在西藏自治区林周县卡孜乡白朗村虎头山水库旁的一片草场上，随着一块绿布缓缓被揭开，露出一块石碑，上面写着：西藏地区累计种植一万亩草场。

这一万亩草场今年还创造了一个新的世界纪录，经世界纪录认证机构确认，获得了"企业高原公益植草面积最多"的世界纪录称号。这对由中华环境保护基金会与力士品牌携手开展的"力士·绿哈达行动"来说，具有里程碑的意义，完成了项目初期的第一个"小目标"，对当地生态改善和牧民生计提高产生了影响。

---

① 砥砺七年藏区植绿万亩[N].中国环境报，2017-09-11（6）.

> 今日中国·美丽中国

西藏自治区林周县白朗村今年种植了2150亩人工草地,使"绿哈达行动"在西藏种植草场突破1万亩,合计超过667万平方米

1万,看似一个简单的数字,实现却用了7年。记者近日走进藏区,见证种植的牧草是如何给这片土地带来生机与希望。

西藏,对于很多人来说既熟悉又陌生。雪山、圣湖、草原、寺庙,以及醇厚的青稞酒、藏甜茶、牦牛肉,构成了大多数人踏足西藏前的初始印象。

西藏作为我国重要的国家生态安全屏障,对保障国家生态安全具有独特的战略作用。而草地则是西藏国家生态安全屏障的主体,对保护西藏生态环境至关重要。统计显示,西藏草原总面积达13.23亿亩,退化面积3.53亿亩,约占草原总面积的26.7%。

当绿色的大地逐渐退化、沙化时,我们为之心痛。问题应该如何解决?

西藏高原草业工程技术研究中心、植草专家武俊喜说:"我们要转变过去一味保护的思路,要实现全面小康社会,既要保护生态,又要增加农牧民收入。减少放牧压力,增加饲草种植,通过生产发展达到保护生态目的,或许是一条好的出路。"白朗村是西藏典型的因生态环境质量差造成的贫困落后地区。贫困的主要原因与其耕地少、土壤质量差、农业生产能力低下、人口多、人均草地少和畜牧业生产力低下有直接关系。同时，长期超载过牧造成了白朗村草地一直处于过度利用状态，天然草地退化，农牧民增收困难。为此，草场种植管理优先安排贫困户，以增加其就业机会和现金收入。牧民通过参与植草行动，亲身感受到牧草对改善当地生态和牧民生计的积极意义，从而认识到保护草原的重要性。林周县副县长通过走访发现，植草项目给村民带来很大变化。据不完全统计，每亩地饲草可为牧民带来纯收入800~1300元，万亩人工饲草直接带来的经济收益达千万元，惠及当地2655位村民。

7年来，"绿哈达行动"的足迹遍布西藏日喀则曲布雄乡、贡嘎县、林周县等地区。如何选择草种，种在哪片土地，选择哪项种植技术，都需要精心和耐心。

考虑植草方案的可行性问题是武俊喜的首要工作，这直接关乎牧草长势以及行动成效。因为植草地块多是新开垦的土地、缺乏灌溉条件的中低产田，甚至是退化草地等。"因地制宜、实事求是、被当地农牧民认可的方案才是可行的方案。"武俊喜和他的团队针对西藏当地气候、土壤特质制定出一套科学的植草方案，最大限度地解决了植草过程中出现的土壤有机质低、土壤黏重、水源保障困难等难题。植草方案的落实还需要科学的播种和日常的管理。充分发挥当地牧民的力量，让他们在实践中学会科学的牧草管理方法，让其成为持续改善当地生态的力量，或可能成为公益行动产生的最大效益。林周县副县长说："牧民以前不会种草，现在也

藏区万亩植草时间表

○ 2011年
　　山南市贡嘎县
　　1000亩

○ 2013年
　　林周县卡致乡白朗村
　　1600亩

○ 2014年
　　林周县卡致乡白朗村
　　1600亩

○ 2015年
　　林周县卡致乡托门村
　　1600亩

○ 2016年
　　林周县连布村、白朗村
　　2150亩

○ 2017年
　　林周县卡致乡白朗村
　　2150亩

学会了。"在卡孜乡的一片湿地上，水鸟在岸边觅食。路过这里的游客，纷纷被美景吸引，驻足拍照。卡孜乡党委书记介绍道："卡孜乡属于黑颈鹤保护区的核心区，经济发展受限。绿哈达行动与卡孜乡的生态发展理念不谋而合，通过植草项目，工作人员带来了技术，农牧民种植技术得到提高。目前，卡孜乡正在发展生态旅游和饲草种植产业。"

武俊喜举了个例子：当雄县海拔在4300米以上，当地牧民养牦牛，草地退化严重。林周县现在种植草地，有着丰富的草资源，可以把草料卖给当雄县，在增加养畜量的同时，也减轻了当雄县的放牧压力。以前是有多少草就养多少牛，但往往养畜量过多，对草地的破坏性很大。武俊喜说："如今，牧区、半牧区和农区之间有大区域协调机制，这是未来发展的路子。种养什么、在哪种养，将会在大区域进行协调，引领西藏走向新的可持续发展路子。"

（有删改）

因此，深刻认识和把握我国社会主要矛盾的变化，有助于我们把环境污染、生态破坏和资源紧缺等问题放在全局发展中统筹考虑、妥善解决。从中也可以看出，生态文明建设是建设富强民主文明和谐美丽的社会主义现代化强国必不可少的重要一环，对建成社会主义现代化强国具有重要意义。

三、"美丽中国"新概念

习近平总书记在党的十九大报告中指出，把"坚持人与自然和谐共生"确立为新时代坚持和发展中国特色社会主义的基本方略之一。按照这一蓝图，从2020年到2035年基本实现社会主义现代化，生态环境根本好转，美丽中国目标基本实现；从2035年到本世纪中叶，建成富强民主文明和谐美丽的社会主义现代化强国，由此"美丽中国"的概念出现在了全世界人民的视野中。

那么，什么样的中国才是"美丽"的呢？关于这个问题，习近平总书记曾经生动地描述，他说让老百姓呼吸上新鲜的空气，喝上干净的水，吃上放心的食物，生活在宜居的环境中，切实感受到经济发展带来的实实在在的环境效益，让中华大地天更蓝、山更绿、水更清、环境更优美，走向生态文明新时代。这便是习总书记对"美丽中国"的期盼，它不仅反映了广大人民的期盼，同时也道出了中华民族永续发展的根本要求。

坚持人与自然和谐共生，被列入建设新时代中国特色社会主义的十四个基本方略之一。"我们要建设的现代化是人与自然和谐共生的现代化。""人与自然和谐共生的现代化"，突出了实现永续发展的要求，彰显了以习近平同志为核心的党中央对人类文明发展规律、自然规律、经济社会发展规律的认识，丰富和发展了马克思主义的生产力理论。

党的十九大报告还指出要坚持绿色发展的理念，而绿色发展理念的核心就是建设"美丽中国"。"绿水青山就是金山银山"，这句话深刻揭示了发展与保护的本质关系，如今已成为社会普遍共识，引领着中国走上绿色发展之路。这是新时代中国生态文明建设的重要理论创新。生态环境问题归根结底是经济发展方式问题。党的十九大报告对"美丽中国"建设作出了四个方面的部署，"推进绿色发展"列在首位。在"决不以牺牲环境为代价去换取一时的经济增长"逐渐形成广泛共识的基础上，推进绿色发展方式和生活方式，改善生态环境质量，推进生态环境领域的国家治理体系和治理能力现代化，成为题中应有之义。

结语

"美丽中国"中的"美丽"涉及的范围很广,不仅涉及生态环境的保护和生态问题的治理,还包括经济发展方式与发展理念的转变和创新。建设"美丽中国"不仅有益于当代人民的生存和发展,还惠及我们的子孙后代。"美丽中国"的概念是一种永续的发展理念,它不仅能推动中国实现永续发展,还能为世界其他国家的发展提供积极有益的借鉴,实现世界性的和谐发展。为此,党和国家领导人在今后的工作中必须制定相应的政策、策略,积极践行"美丽中国"这一概念,尽快将这一概念落到实处,让广大人民从中受益,实现中国特色社会主义伟大事业的新辉煌。

第九章

"美丽中国"绿色规划

第一节　规划引领生态文明建设新格局

大力发展节能环保的新兴产业,以科技创新带动新兴产业发展,推动传统产业的转型升级。让生态优势成为一种政策导向,从政策层面大力扶持生态产业的发展。

一、先行先试,探索生态文明建设新路径

江西省作为我国生态文明先行示范省之一,在生态文明建设中肩负着先行先试的重要责任。近年来,江西省上犹县积极将生态优势转化为经济优势,以改善人民居住条件为重点,夯实基础,立足长远,全面加强生态保护与建设,不断提高生态环境对经济社会发展的承载能力,使人民群众真正感受到了环境保护带来的实惠。在生态建设上以转变发展方式为主线,大力推进以生态经济为主要经济形势的发展体系,构筑起了一条绿色产业链。该县精心打造了"一条鱼(生态鱼)、一幅画(油画)、一块石(观赏石)、一杯茶(茶叶)、一列小火车(森林小火车)"五张生态旅游名片,并确立了以物理加工为主的玻璃纤维及新型复合材料、精密模具及数控机床两大工业主导产业,以别出心裁的经济模式促进了当地经济快速发展。

贵州省作为首批国家生态文明试验区,从理论和实践上也承担了探索生态文明建设新模式的责任,党的十八大以来,贵州更是举全省之力建设生态文明,该省以绿色为导向"先行先试",把"绿色+"融入经济社会发展各方面,发展绿色经济、打造绿色家园、构建绿色制度、筑牢绿色屏障、培育绿色文化,在生态文明制度改革和建设上,在全国创

造了多个第一。率先在全国出台了首部省级层面的地方性法规《贵州省生态文明建设促进条例》；出台《贵州省生态环境损害领导干部问责暂行办法》和《贵州省林业生态红线保护党政领导干部问责暂行办法》；设立环保法庭，成立省级执法司法专门机构；在全国开展第一例由检察机关起诉行政执法机关的环境保护公益诉讼……助推贵州快速迈向生态文明新时代，让绿色红利惠及人民。

镇江市也始终把生态文明理念贯穿到经济社会发展各领域，坚持走"生态领先，特色发展"之路。镇江制定了产业发展"负面清单"和指导目录，所有产业和项目，均需按照功能规划定位进行布局；推进产业集中集聚集约发展，加大污染减排工作力度，全市实施污染减排重点工程，淘汰老旧机动车，有序关闭化工、小建材等不达标企业等。在科学论证的基础上，制定了不同时期生态文明建设的目标任务和重点举措。此外，镇江把生态文明建设与战略定位相结合，牢固树立生态文明建设在经济社会发展中的战略性基础地位，并且制定生态领先发展战略，科学编制生态文明建设规划，强力调优产业结构。在谈及镇江市先行先试，探索生态文明建设新路径时，江苏大学教授江心英举例道："镇江率先在全国建成城市碳排放核算管理云平台，形成智能化的'数据采集—汇总核算—分析发布—监管控制'的运行体系，打造了全国第一朵'生态云'。依托云神工程，在低碳城市建设管理云平台的基础上，整合国土、环境、资源、产业、节能、减排、降碳等数据资源，利用云平台提升大数据时代地方政府的基础能力，提高生态文明建设的信息化管理水平。"值得一提的是，镇江还推出组合拳，不仅全方位构建低碳建设体系，还加强重点领域的试点示范、重点企业和区域的管控，并注重国际交流合作。

总之，在编制重大产业项目计划、安排国家生态建设工程等项目资金时，对重点生态功能区县倾斜，并推动国有大型龙头企业与重点生态功能区县重点发展的产业集群对接。

二、机制变革，培养生态文明建设新动能

为了深化改革，应该建立起多层级促进机制，即建立生态补偿财政转移支付、生态保护财政转移支付和税收共建共享激励三大机制，以培育生态文明建设的新动能。

生态补偿财政转移支付制度是一种具备生态保护性质的财政机制，按照权责划分，界定中央与地方的生态补偿责任。以镇江市为例，生态补偿机制以辖市区、乡镇（街道）作为补偿对象，设立市级和辖市区两级主体功能区生态补偿"资金池"，分重点性补偿、基础性补偿和激励性补偿三部分。

在税收共建共享激励机制建设方面，明确跨功能区的引荐项目实施税收共享和项目搬迁税收分成标准，制定主体功能区生态补偿资金计算方法和生态红线区域名录。实现税种全覆盖，扩大征资源税的范围，以资源承载能力为基准，将濒危资源列入征税项目中，比如水资源和森林资源。对不可再生性资源的利用征收重税，以减少对稀缺资源的使用，增加其替代品的用量，也可以促进企业研发节能环保的产品。还应充分发挥消费税的引导功能，以税收为导向改变购买内容，调节市场供求关系，加大对高耗能、高污染产品的税收。不断完善土地资源税制，分类进行税率征收，强化对土地资源的合理使用。

完善税收优惠政策，对各类资源税收政策进行统筹整理，以免造成互相矛盾、互相抵触的情况，使税收政策能够通达地执行下去，保证政策的一体和完备。与此同时，推动生态税收优惠多样化，可以在直接政策减免税的基础上，实行延迟支付、资费抵免、自动扣费等方法，减少企业的经济负担，鼓励新生企业搞高新技术，不断发展。通过改革与完善税制，撤销对生态文明建设不利的政策，建立起与生态文明建设相适应的优惠和惩罚政策。

三、营造生态文明建设的立体保障

生态文明建设必须完善相关制度保障。从生态文明建设需要出发，全面审视我国资源生态环境管理法律体系。一要建立权责清晰、归属明确、监督畅通的自然资源资产产权制度，完善最严格的耕地保护、水资源管理和森林草地管理制度。二要强化国土空间开发保护制度，对依法设立的自然保护区、世界文化自然遗产等建立禁止开发制度，对风景名胜区、森林公园、地质公园等实行严格的全国主体功能区规划。三要建立能体现市场供求关系和资源紧缺、具有自然价值和代际关系的资源有偿使用和补偿制度。四要强化生态文明建设的考核评价制度建设，把资源消耗程度、环境损害等级等指标纳入经济社会发展考核评价体系，建立与当今生态文明建设要求相适应的考核体系和奖惩机制，着重强调一个地区的绿色 GDP。五要建立健全生态环境损害评估和赔偿制度，对损害资源环境的企业和个人追究法律责任，责令其进行经济赔偿。六要完善领导干部目标责任考核制，对即将卸任的领导干部实行自然资源资产离任审计，实施损害责任终身追究等。

生态文明建设必须建立相关法律保障，以生态环境保护优先为原则，增强法律的针对性、科学性和有效性。法制化程度是衡量一个国家生态文明发展程度的重要标志，各项环境法也越来越成为裁决环境事务的标尺。从国家层面大力推动和生态文明建设相关的立法工作，增强环境治理的预防性，做好立、改、废，弥补现有法律的漏洞。此外，要优化现有的生态文明相关法律，精确立法，通过严格立法明确相关主体的责任义务，使公布的法律更具针对性和操作性。同时，修改法律法规中不合理之处，提高原有法律法规的科学化水平，把环境保护的内容切实纳入国家的法律体系之中。立法过后执法同样重要，只有通过严格执法，才能确保生态文明制度在社会主义的法制轨道上顺畅运行。从民众思维层面上，公民积极参与生态治理，也离不开法律的强制作用，法制的作用往往比道德约束更加快速有效。而且，通过法律体系的完善以及监管力度的加强，能够代替或减少事后弥补性手段。

结语

在先行先试的道路上，首先要破除传统发展观念，转为创新驱动。其次，要以思想大解放带动观念更新、能力提高，宣传生态价值观，倡导生态经济观，树立生态政治观、生态科技观等科学的观念。

第二节　规划引领增进民生福祉

习近平总书记说：我的执政理念就是"为人民服务，担当起该担当的责任"。面对人民对美好环境的期盼，总书记以构建社会主义生态文明为长远目标，科学规划战略布局，确立"绿色发展理念"，引领生态民生建设。

一、习近平的人民情怀

习近平总书记既有宽厚善良的高尚品质，又有为国为民的朴素情怀。在习近平总书记心里时时刻刻牵挂着人民群众。2017年春节来临之际，他发给全国人民的贺词中写道，"我最牵挂的还是困难群众"；在2018年新年贺词中，习近平总书记说道，"安得广厦千万间，大庇天下寒士

俱欢颜"。这是多么浓厚的人民情怀，在万家灯火迎新春之际，人民感受到的是来自总书记的关爱与温暖，而党和国家领导人只有心里装着人民，才会受到全国人民的拥护和爱戴。

总书记的人民情怀在青年时期就已经显现出来了。15岁时下放梁家河，7年的知青岁月，他与村民心连心。在田间劳作吃苦耐劳，搞增产的科学粮田，帮助乡亲们打铁具，是最后一个离开的知青。后来，在浙江省任职的时候，跑遍了省里的每一个地方，他还要求县委书记跑遍所有的村，地市委书记要跑遍所有的乡镇，省委书记要跑遍所有的县市区，要像爱自己的父母那样爱老百姓，与百姓同甘苦。在浙江工作期间，他提出了"既要绿水青山也要金山银山，其实绿水青山就是金山银山，也是人民群众健康的重要保障"的思想。在他接任党的总书记以来，更是这样做的，与全国人民心连心，想人民之所想，急人民之所急。总书记说："人民对美好生活的向往，就是我们的奋斗目标。"①由此可见，习近平总书记一直站在人民群众的立场上，为人民谋利益，以为人民服务为宗旨，以人民的幸福为党的奋斗目标。这份信念和情怀，是党对人民负责的体现，是领袖与人民心意紧紧相连的精神力量，这种力量凝聚起中国人民，鼓舞着中华民族众志成城、团结一心，为实现美好生活不懈奋斗。

习近平总书记曾对河北省委常委班子传达过，评定省市的业绩不单单看生产总值，把绿色发展搞上去，一样可以"挂红花"，"当英雄"。良好的生态环境是人类生存发展的必备条件，我们再也不似以往片面地追求GDP，而是以民生为宗旨，保护环境，绿色发展，不仅为当下谋求幸福生活，更为中华民族永续发展、地球环境逐步向好做出贡献。习近平总书记不仅注重顶层规划，还严抓微观实践，以最严格的制度，最

---

① 习近平谈治国理政［M］.北京：外文出版社，2014.

有力的法治构建起生态文明体系，成为环境保护的保障。习近平新时代中国特色社会主义思想所蕴含的生态观，深刻揭示了生态环境与人民群众利益的关系，体现了人类对大自然的尊重，生动诠释了我们党始终为人民群众谋利益的根本立场。习近平的生态文明思想坚定地站在人民的立场上，把人民放在最高点，以人民为中心解决社会矛盾，我们要深刻把握坚持以人民为中心的价值标准、实现人民的诉求、激发人民的创造力。

二、人民的期待

2012年11月15日，刚刚当选为中共中央总书记的习近平在会见中外记者时就坚定地承诺："我们的人民热爱生活，期盼有更好的教育、更稳定的工作、更满意的收入、更可靠的社会保障、更高水平的医疗卫生服务、更舒适的居住条件、更优美的环境，期盼孩子们能成长得更好、工作得更好、生活得更好。人民对美好生活的向往，就是我们的奋斗目标。"

在党的十九大报告中，习近平总书记指出："全党同志一定要永远与人民同呼吸、共命运、心连心，永远把人民对美好生活的向往作为奋斗目标。"站在人民立场上，实现人民美好愿望。习近平的生态文明思想饱含人民情怀，深切回应人民的期盼，经过理论研究实践证明，总书记的规划战略始终抱有对人民群众真挚的感情，坚持以人民的期待为动力，实现生态建设的创新发展。2017年10月31日下午，习近平总书记在南湖革命纪念馆参观结束时发表重要讲话，他强调：党的十九大擘画了党和国家事业发展的目标和任务，全党同志必须坚持全心全意为人民服务的根本宗旨，不断带领人民创造更加幸福美好的生活。人民群众期盼天蓝地绿、渴望山青水净，对清新的空气、清澈的水质、清洁的环境的诉求越来越迫切，大力推进生态文明，建设美丽中国，改善生态环境状况，就是在不断满足人民群众日益增长的生态需求，就是在不断改善环境民生，就是让全体人民享受良好的生态环境。

人民的期待就是生态规划的最大动力，党的十九大报告更进一步明确了实现"两个一百年"阶段目标中对生态文明的要求：从现在到 2020 年，坚决打好污染防治攻坚战，从 2020 年到 2035 年，生态环境根本好转，美丽中国目标基本实现。习近平总书记关于生态文明建设的一系列论述，是对人民期盼山绿、水清、环境宜居的积极回应，它以为人民群众创造良好的生产生活环境为目标，以老百姓的幸福感作为衡量生态文明建设的标准，强调对人民群众、对子孙后代要有高度负责的态度和责任，饱含着人民情怀，体现着共产党人对国家、对民族、对人民的责任担当。习近平总书记提出建设"美丽中国"的出发点和落脚点也是为了使人民在生态美好中感受生命的美好，坚持全民共治、全民共享，共同建成人民心中的美丽中国。

三、最普惠的民生

当下我国仍存在着忽视生态民生建设的地区，做着与保护生态环境相违背的事情。部分企业主见钱眼开、见利忘义，恶意忽视生态民生，为了多赚黑心钱而想方设法规避环境成本，自私地实现资本的保值增值；有部分民众生态意识薄弱、生态知识匮乏、生态技能缺乏，无意中忽视了生态民生。部分地方领导顽固不化，认为生态民生只是软约束，就业、教育、医疗等才是做好民生工作，乃至向上升迁的指标。部分职能部门以经济下行压力大、经费紧张为由，有意放任生态恶化，在生态民生建设上少投入、少监管。正如习近平总书记所言："生态环境没有替代品，用之不觉，失之难存。"[①] 绿水青山、蓝天白云、清新空气只有在尊重

---

① 习近平. 在省部级主要领导干部学习贯彻党的十八届五中全会精神专题研讨班上的讲话[N]. 人民日报，2016-05-10.

和保护自然的前提下才能获得。难道只有经历了用之无忧的酣畅和失之难再的惋惜之后，我们才能意识到良好的生态环境是最宝贵的财富和最重要的民生需求吗？

民生问题直接关系着人们的生活和切身利益，是治国理政的根本问题，要始终保持战略定力和持续推进动力，切实解决人民群众在民生问题上所遭遇的各种难题。习近平总书记说："我们不能把加强生态文明建设、加强生态环境保护，提倡绿色低碳生活方式等仅仅作为经济问题，这里面有很大的政治。"[1]虽然我国经济发展速度较快，但是过去的发展是以牺牲环境为代价的，各个地区之间存在生态公平问题，每个人的衣食住行，甚至呼吸的空气、饮用的水源和食物都会掺杂有害物质，所以生态问题是很大的民生问题。而且生态问题不只是资源环境出了问题，也是政治经济社会各方面出了问题。

习近平总书记指出："良好生态环境是最公平的公共产品，是最普惠的民生福祉。"[2]环境就是民生，青山就是美丽，蓝天也是幸福。生态环境的优良与人民的生活质量幸福指数密切关联，与教育、医疗、就业、社会保障等民生福祉或多或少存在地域差别相比，良好的生态环境不会因人、因地、因事而区分受益的目标群体和受益等级。群众利益无小事，民生问题大于天。要实现人民美好愿望，就要大力增进民生福祉。

---

[1] 习近平关于全面深化改革论述摘编［M］.北京：中央文献出版社，2014.
[2] 习近平关于全面深化改革论述摘编［M］.北京：中央文献出版社，2014.

中国共产党执政为民，建设美丽中国目的在于使人民群众获得生态幸福，让广大人民群众享有更多的生态福祉是美丽中国建设的根本目标。

结语

坚持增进民生福祉，就要关注民生、重视民生、保障民生、改善民生，这是中国特色社会主义发展的根本目的，也是我们党立党为公、执政为民的使命担当。增进民生福祉需要把宏伟蓝图一绘到底，要中国人民一干到底，要多谋民生之利、多解民生之忧，保证全体人民在共建共享发展中有更多获得感，真正使百姓的生活得到好转。

第三节 规划引领构建生命共同体

我们正处于大发展大变革的时代，经济全球化使世界变为地球村，各国之间的联系日益紧密，形成相互依存、相互合作、相互竞争的局面，机遇共享，风险共担，在恶劣的生态环境面前谁也别想全身而退。各国人民在同一个星球上，形成了你中有我、我中有你的命运共同体。正如习近平总书记指出的那样："在经济全球化的今天，没有与世隔绝的孤岛。同为地球村居民，我们要树立人类命运共同体意识。"[1]

---

[1] 习近平.中国发展新起点 全球增长新蓝图：在二十国集团工商峰会开幕式上的主旨演讲[N].人民日报，2016-09-04（3）.

一、人类的共同家园

地球是人类共同的家园，在地球上人类是最高级的物种，我们有责任和义务去维护生态平衡，保护生态环境。单凭几个国家的力量是无法解决的，人类应该携起手来，以积极的姿态共同应对全球性任务。我们再也不能以牺牲环境为代价发展经济，保护地球环境是全人类共同的责任。

习近平总书记指出："各国要树立命运共同体意识……在竞争中合作，在合作中共赢。在追求本国利益时兼顾别国利益，在寻求自身发展时兼顾别国发展。相互帮助不同国家解决面临的突出问题是世界经济发展的客观要求，让每个国家发展都能同其他国家增长形成联动效应。"[1]这充分反映了各国人民对环境问题的共同心声，在人类命运史上写下崭新的一页。

人类只有一个地球，各国共处一个世界。在应对全球气候变化和生态安全问题上，人类命运共同体理念超越了狭隘的民族国家利益，是中国为国际社会提供的重要公共产品，是深刻思考人类未来发展的中国方略，习近平总书记牢牢把握和平、发展、合作、共赢的时代主题，准确把握世界各国命运相连、休戚与共的发展趋势，指出建设美好的家园是人类的共同梦想，是人类的普遍共识。

---

[1] 习近平.共同维护和发展开放型世界经济：在二十国集团领导人峰会第一阶段会议上关于世界经济形势的发言[N].人民日报，2013-09-06（2）.

当今世界绿色科技蓬勃兴起，绿色产业、绿色革命以"绿色、循环、低碳"为主题，不断推动世界经济朝着低碳环保的方向前进，世界各国的竞争与合作已经从经济、科学技术、军事等领域延伸到了生态环境领域，全球气候变化、资源枯竭、生物多样性减少等问题，成为国际社会高度关注的热点问题。在生态环境问题呈现出老的环境问题尚未完全解决新的环境问题又接踵而至等新的态势和新的特点时，发达国家持续加大对我国减排治污的压力，已形成了推进环境保护的倒逼机制，我们必须走出一条经济发展和生态文明相辅相成的新路才能有效确保全球生态安全。正如习近平总书记在党的十九大报告中所倡导的"坚定走生产发展、生活富裕、生态良好的文明发展道路，建设美丽中国，为人民创造良好生产生活环境"。

我国要主动顺应时代发展潮流，扩大绿色科技投入，加强国际交流，全力发展绿色产业。"国际社会应该共谋全球生态文明建设之路，牢固树立尊重自然、顺应自然、保护自然的意识，坚持走绿色、低碳、循环、可持续发展之路。"①习近平总书记的全球生态文明建设思想是中国共产党人在新的历史条件下，面对新的时代要求提出的战略思想，显示了中国积极参与全球环境治理，在国际社会中勇于承担责任，表达了中国推动形成公平合理、合作共赢的环境治理体系的决心，着力促进经济发展与人口、资源、环境相协调，促进人与自然和谐发展，以实现世界的可持续发展的美好愿景。人类只有一个地球，保护生态环境、促进绿色发展，维护我们赖以生存的家园是世界各国利益的最大的交汇点，全面应对全球生态问题是世界各国交流最密切，也是最容易达成共识的领域，大力促进生态文明建设已成为每个国家必须履行的国际义务，这项重大的任务需要人类共同努力才能完成。

---

① 习近平. 同舟共济、扬帆远航，共创中拉关系美好未来：在秘鲁国会的演讲 [N]. 人民日报，2016-11-23（2）.

二、人与自然的回归

在经历了一系列大自然的"报复"后，人类终于意识到，人与自然之间不是非此即彼的竞争关系，不是你下我上的统治关系，而是休戚与共的命运共同体，这要求人类改变传统的价值意识与生态评价，将爱自己与爱自然相统一，用博爱的情怀对待自然界，浇灌出友爱的花朵。

当人类进入工业文明时期，"人"的利益、价值被无限张扬，人类的绝对主体地位被夸大强调，在大机器生产的时代，自然只是实现本性的工具，是取之不尽用之不竭的物质，人类可以肆意地践踏自然，而毫无怜悯与羞耻之心。直至今日，人类本身矛盾重重，世界各地每天都在发生战争，人与人之间无处不在的利益纠葛，精神匮乏信仰缺失、信任危机及道德滑坡等乱象，都是因为人类社会缺少了与自然的协调融合，生态伦理被破坏，人心被利益吞噬。这就造成了个人、社会与自然之间出现了工业文明下的裂痕。

解决的途径就是人类要脱离单纯人的狭隘视野，向更广阔的自然界发力，回归事物的本源，形成人与自然的命运共同体意识，将自然界的价值与人的价值进行整合，以物质世界的长久与繁荣为最高价值。也只有重塑人与自然的关系才可能解决工业进程中经济快速发展的一系列问题，如环境污染、资源枯竭、生态失衡等，使它们不再成为制约地区发展的瓶颈。

我们应该把爱引入到对自然的态度中，以善良的情感来面对无私的大自然。人需要抑制个性中恶的一面，弘扬善的本性，不仅要对本民族的人加以关爱，更要对世界的生命施以善意。如果把人类比喻为生命的躯干，那么自然就是生命的肢体，我们与自然同病相怜、荣辱与共。自然是人类生命的间接构成，因此对自然之爱就是对己之爱。自然给予人类的馈赠，人类要同样予以回报，如果说工业文明是人类主体的自爱与自恋，是人类利己主义的展现，那么新时代的文明观需要构建起利他的价值观，在利他的基础上做对人类有利的事情。自然是生命的母体，自然界为生命的繁衍提供源源不断的养分和原料。人类应该回馈自然的是以生态保护为基础的自然整体繁荣。我们要构建起一种良好制度体系，即构建互助互惠的利益结构，不再是人类对自然索取的单项循环。双向的物质循环和能量互动可以改变传统的索取模式，是维持自然长久繁荣、人类永续发展的良性机制，也是生态文明所要塑造的基本的人与自然和谐相处新模式。

三、为世界提供中国智慧

2013年9月7日，习近平主席在哈萨克斯坦纳扎尔巴耶夫大学发表演讲时提出了"绿水青山就是金山银山"的理念，这一理念已成为中国发展的共识，显示了中国努力建设生态文明的美好愿望。

我国在加紧进行国内生态民生建设的同时，一直积极履行国际义务，对发展中国家进行大力的资金和技术支持。2015年我国宣布出资200亿元设立气候变化南南合作基金，在巴黎气候变化大会上，我国主动承诺"将于2030年单位国内生产总值二氧化碳排放比2005年下降60%～65%"；2016年起，向发展中国家提供低碳节能产品、组织气候变化培训班。我们帮助发展中国家先后建立起10个低碳示范区、100个减缓和适应气候变化项目及1000个应对气候变化的合作项目等，中国政府言出必行，采取有效措施应对气候变化，"十二五"碳强度累计下降了20%，超额完成了规划确定的17%的任务。能源结构进一步优化，2015年非化石能源占一次能源消费比重达到了12%，超额完成了规划提出的11.4%的目标。我们积极采取强有力政策行动，有效控制温室气体排放，增强适应气候变化的能力。"十三五"规划在此基础上进一步提高，碳强度要下降18%，森林蓄积量增加到151.37亿米^3，提前实现了到 2020 年增加森林蓄积量的目标。

不仅如此，2017 年中国正式启动全国的碳市场。此前，中国已经在 7 个省市开展了碳市场的试点工作，基本形成了运行平稳的地方碳排放权交易市场。作为负责任的大国，中国政府积极参加联合国进程下的国际谈判。中国率先制定实施应对气候变化国家方案，探索低碳发展道路；认真履行《联合国气候变化框架公约》，超额完成《蒙特利尔议定书》规定的氢氟烃第一阶段淘汰任务；中国还作为首批签约国签署并批准《关于汞的水俣公约》。

利用高层互访和重要会议推动谈判进程。在全球应对气候变化《巴黎协定》的达成到生效的整个过程中，中国政府做出了关键性的重要贡献，一个很大的成果就是确定了全球应对气候变化的长期目标，保持、巩固巴黎气候大会和巴黎气候谈判形成的成果，推动全球气候治理的"中国方案"的实施。

结语

习近平总书记的生态民生思想超越了西方狭隘的民族主义视角，具有广博的国际视野。习近平总书记的生态民生思想立足国内情况，放眼世界形势，打好当代根基，谋求未来发展，努力构建起世界各国人民共享的人类命运共同体，为世界提供了中国智慧。过去五年，中国提出了包括"一带一路"倡议、构建人类命运共同体等一系列全球性理念。生态兴则文明兴，我们必须站在为中华民族谋复兴和人类长远发展的高度，把国家关于生态文明建设的决策部署落到实处，为建设美丽中国、维护全球生态安全做出更大贡献，展现出中国强烈的民族自信心和大国担当的责任意识。

第四节　规划引领实现中华民族永续发展

习近平总书记强调:"以对人民群众、对子孙后代高度负责的态度和责任,真正下决心把环境污染治理好、把生态环境建设好,努力走向社会主义生态文明新时代,为人民创造良好生产生活环境。"[1] 让老百姓切实感受到经济发展带来的实惠又实在的环境效益,为子孙后代留下可持续发展的"绿色银行"。

一、造福子孙后代

2013年4月习近平总书记在海南考察时指出"保护生态环境就是保护生产力、改善生态环境就是发展生产力",生态文明建设事关中华民族永续发展和"两个一百年"奋斗目标的实现,正如习近平总书记指出的那样,过去我们生态环境方面的账欠太多了,如果不从现在起就把这项工作紧紧抓起来,将来会付出更大的代价。决不能走先污染后治理的老路,生态环境问题归根到底是经济发展方式问题,无节制消耗资源,不计代价污染环境的方式已经行不通。要正确处理好经济发展同生态环境保护的关系,让良好的环境成为人民生活质量的增长点,切实把绿色发展理念融入经济社会发展各个方面。

人与自然的关系是人类社会最基本的关系,舒适的生态居住环境是人民群众获得生态幸福的重要内容和具体体现,美丽中国建设是从实现

---

[1] 坚持节约资源和保护环境基本国策　努力走向社会主义生态文明新时代[N].光明日报,2013-05-25(1).

人民群众生态幸福的目标出发，把改善生态环境视为改善民生。要建设好人民生态福祉的民生工程使人民群众获得生态幸福，就必须打造一个蓝天绿水的适合人居的环境，实现人与自然和谐共生，并协调推进新型工业化、信息化、城镇化、农业现代化和绿色化。

建设生态文明就是造福子孙后代，保护生态环境就是保护中华民族的永久利益。青山绿水，蓝天白云是人民的幸福，环境搞好了民生水平也会提高。习近平指出"山水林田湖是一个生命共同体，人的命脉在田，田的命脉在水，水的命脉在山，山的命脉在土，土的命脉在树"，[①] 而我们要像尊重生命一样来处理生态环境问题，把不损害环境作为发展的底线，坚持节约资源和保护环境的基本国策，实行最严格的生态环境保护制度。

生态环境没有替代品，保护生态环境，功在当代，利在千秋。习近平关于生态文明建设的一系列论述，是对人民期盼山绿、水清、环境宜居的积极回应，它以为人民群众创造良好的生产生活环境为目标，以老百姓的幸福感作为衡量生态文明建设的标准，强调对人民群众、对子孙后代要有高度负责的态度和责任，饱含着人民情怀，体现着共产党人对国家、对民族、对人民的责任担当。

二、千年大计

党的十九大报告对生态文明建设进行了多方面的深刻论述，习近平总书记又着重强调了"建设生态文明是中华民族永续发展的千年大计。必须树立和践行绿水青山就是金山银山的理念"。

之所以将其上升为千年大计，一个重要原因是，过去五年来国内生态环境状况得到很好的改善，我国也成为全球生态文明建设的重要参与者、贡献者、引领者，但是我们知道生态环境保护需要长时期的坚守，

[①] 习近平关于全面深化改革论述摘编［M］．北京：中央文献出版社，2014．

任重而道远。从民生角度看,我们不仅要创造更多的物质和精神产品,而且要提供更多的优质生态产品,来满足人民日益增长的对美好生活,特别是对美丽环境的需求。

完成千年大计,要牢固树立"社会主义生态文明观",构建多种体系,统筹"山水林田湖草"系统治理,构建清洁低碳、安全高效的能源体系;构建市场导向的绿色技术创新体系;优化生态安全屏障体系;构建生态廊道和生物多样性保护网络;加强制度建设,严惩重罚,实施市场化、多元化生态补偿机制,构建政府为主导、企业为主体、社会组织和公众共同参与的环境治理体系。"必须树立和践行绿水青山就是金山银山的理念,坚持节约资源和保护环境的基本国策,像对待生命一样对待生态环境";"人与自然是生命共同体,人类必须尊重自然、顺应自然、保护自然"。

千年大计重在采取各种"行动",要切实推进生态文明建设就要"开展创建节约型机关、绿色家庭、绿色学校、绿色社区和绿色出行等行动";"持续实施大气污染防治行动,打赢蓝天保卫战";"加强农业面源污染防治,开展农村人居环境整治行动";"实施重要生态系统保护和修复重大工程,开展国土绿化行动"等。

千年大计就是为子孙后代留下可持续发展的"绿色银行"。改善生态环境是利国利民利子孙后代的重要工程;小康全面不全面,生态环境质量是关键,要实现百姓富、生态美有机统一;把城市放在大自然中,把绿水青山保留给城市居民等等。这些党和国家的方针政策都表达了对人民长远利益的关注,要为人民创造良好的生产生活环境,努力走向社会主义生态文明新时代。

三、人类发展的最高境界

人的自由全面发展是人类社会发展的最终目标,而只有进入了共产主义才会实现人的全面发展。自然界是人类全面发展的现实基础，人的自由全面发展是人的本质的展现，人作为自由自觉的类存在物其发展要从外部自然界获得物质前提与精神食粮，并且与自然界的发展相协调。然而在西方哲学主客二分的视阈下，人们片面强调人类社会经济的发展，掠夺式开发大自然，忽视了人与自然的和谐，结果使自然遭到极大破坏，危及人类的生存和发展。建设生态文明，为人类全面发展奠定坚实基础，观念的转变，是首要的问题。

生态文明是人类社会实践的产物。马克思主义认为，社会生活在本质上是实践的。实践活动及其结果是作为实践主体的人的本质力量的现实展现和外在化的客观表现，实践活动的过程是实践主体以自身的本质力量为媒介和手段对实践客体的物质力量的利用过程，也就是实践主体的本质力量和实践客体的物质力量相互作用、相互转化的过程。当实践主体的本质力量与实践客体的物质力量达到有机协调的统一，就能取得积极肯定的实践结果。建设高度发展的生态文明，有助于促进人本质力量的不断提升和充分发挥，推进人的全面发展。

人类在从自然获取自身全面发展的物质前提与精神食粮同时，还必须与自然保持良好的互动，所以人类必须重新审视和确立人与自然、社会的关系，矫正和控制自己的行为，树立科学的发展观，走人与自然和谐发展之路，因此建立人与自然和谐发展的生态文明势在必行。

当人发展达到一定高度时，人可以充分发挥主观能动性，根据自然固有的规律能动地认识世界改造世界。人们可以认识到大自然的不可知性，人类尊重自然善待自然，根据客观规律谋取所

需,真正做到人与人、人与社会、人与自然的和谐。当人能达到自由全面的境界时,人也能够自觉地保护自然,不再需要法律的强制实施。法律是约束性的,只有人类高度发展,人的自由才真正地实现,生态和谐社会也才能真正建成。相反,人类的发展程度低,尚且不能正确认识自然,还坚信自己是宇宙的中心,便只会在自身膨胀的欲求下毁灭自然,捣毁自己的生存家园。人类不能合理地利用科技,这是人类不可否认的意识发展的短板,而自然也正在人类的无知下带给人类不可估量的灾难。

人类应正确对待自己在这一系统中的主体地位。我们不只是运用、改造自然的主体,也是保护修复自然的主体,这样才能真正体现出人的主体地位,在行动时必须考虑生态系统的整体利益,在现代化的基础上重新确立"天人合一"的思想,把人类社会看做一个发展的整体。只有人类真正实现自由而全面的发展,生态和谐的质量才是最优化的程式。也只有生态和谐,人类才能真正实现自由而全面发展。生态和谐与人的自由而全面发展都不是孤立成长的两个枝丫,二者相辅相成、互为提升。就像绿叶和根,根为绿叶提供水分和养分,绿叶又为根证实着生命的迹象。二者看似两个方向,实则契合相通。

结语

人的自由全面发展是人类社会发展的最终目标,人的全面发展是人的本质的展开,人作为自由自觉的类存在物其发展要与外部自然界、社会的发展相协调。当务之急是贯彻新时代中国特色社会主义生态观,建设生态文明,在新的水平上达到"天人合一"的状态,为人类全面发展奠定坚实基础。

后 记

习近平总书记在2018年5月20日全国生态环境保护大会上讲道：生态文明建设是关系中华民族永续发展的根本大计。中华民族向来尊重自然、热爱自然，绵延5000多年的中华文明孕育着丰富的生态文化。生态兴则文明兴，生态衰则文明衰。要通过加快构建生态文明体系，确保到2035年，生态环境质量实现根本好转，美丽中国目标基本实现。到本世纪中叶，物质文明、政治文明、精神文明、社会文明、生态文明全面提升，绿色发展方式和生活方式全面形成，人与自然和谐共生，生态环境领域国家治理体系和治理能力现代化全面实现，建成美丽中国。

党的十八大以来，以习近平同志为核心的党中央领导全党全国人民大力推动生态文明建设的理论创新、实践创新和制度创新，开创了社会主义生态文明建设的新时代，形成了习近平生态文明思想。作为习近平新时代中国特色社会主义思想的重要内容，习近平生态文明思想，指明了生态文明建设的方向、目标、途径和原则，揭示了社会主义生态文明发展的本质规律，开辟了当代中国马克思主义生态文明理论的新境界，对建设富强美丽的中国和清洁美丽的世界具有非常重要的指导作用。

在如今这个瞬息万变的时代，人们原本的生活节奏早已被打乱，原来的社会秩序荡然无存，一种崭新的生活方式浮起于地平线。我们试图探寻的人类生态文明前途这个意义深远的问题，不仅仅再出于求知与好奇心，更出于对人类命运思考的担忧和对自然的尊重与敬畏。本书名为《今日中国·美丽中国》，作为"今日中国"系列丛书的生态部分，本书旨在用图文并茂与通俗易懂的行文方式向海外华人和华侨全方位、多角度地讲述新时代美丽中国的"生态故事"。无论是有意还是无心，我们绝大多数人已经在新文明、新生态的路上，本书希望借助这个契机能够让我们初心不改，在探寻美丽中国的道路上越走越好。

本书由东北大学马克思主义学院院长田鹏颖教授及其四位教师与博士研究生共同完成，各部分具体分工为：第1～3章，王圆圆、李翔。第4～6章，张晋铭。第7～9章，武雯靖。后期修改与校正，李翔。

在本书的研究与写作过程中，湖南教育出版社对本书给予了大力支持并做出了大量工作。"今日中国"系列丛书的其他各位主编对本书的设计与内容也提出了指导性意见。没有这些领导、专家的帮助，本书难以顺利完成，在此一并表示诚挚的谢意！建设美丽中国是时代与历史赋予我们的重任，也是一项前所未有的事业，本书不仅是我们探究生态文明理论的心得，亦是对生态文明建设的思考。由于作者的水平、经验与时间有限，某些观点与内容难免有偏颇之处，在此恳请广大读者给予批评指正！

编　者

2018年7月于沈阳

图书在版编目（CIP）数据

美丽中国 / 朱建纲，颜晓峰主编. —长沙：湖南教育出版社，2019.8（今日中国）

ISBN 978-7-5539-5583-4

I.①美… Ⅱ.①朱… ②颜… Ⅲ.①中国特色社会主义—社会主义建设—成就 Ⅳ.①D616

中国版本图书馆CIP数据核字（2019）第021219号

今 日 中 国
美 丽 中 国
MEILI ZHONGGUO

总 策 划：	黄步高
执行策划：	黄永华　董静静
主　　编：	朱建纲　颜晓峰
本册主编：	田鹏颖
责任编辑：	周　晔
装帧设计：	谢俊平
出版发行：	湖南教育出版社（长沙市韶山北路443号）
网　　址：	www.bakclass.com
电子邮箱：	hnjycbs@sina.com
客服电话：	0731-85486979
经　　销：	湖南省新华书店
印　　刷：	长沙超峰印刷有限公司
开　　本：	710 mm×1000 mm　1/16
印　　张：	16
字　　数：	270 000
版　　次：	2019年8月第1版
印　　次：	2019年8月第1次印刷
书　　号：	ISBN 978-7-5539-5583-4
定　　价：	48.00元

本书若有印刷、装订错误，可向承印厂调换